서당,
모든 이의 공부방

서당,
모든 이의 공부방

초판 1쇄 인쇄 2024년 11월 18일
초판 1쇄 발행 2024년 12월 2일

—

기 획 한국국학진흥원
지은이 이우진
펴낸이 이방원

책임편집 배근호   **책임디자인** 양혜진
마케팅 최성수·김 준   **경영지원** 이병은

—

펴낸곳 세창출판사
   신고번호 제1990-000013호   주소 03736 서울특별시 서대문구 경기대로 58 경기빌딩 602호
   전화 02-723-8660   팩스 02-720-4579   **이메일** edit@sechangpub.co.kr   **홈페이지** http://www.sechangpub.co.kr
   블로그 blog.naver.com/scpc1992   페이스북 fb.me/Sechangofficial   **인스타그램** @sechang_official

—

ISBN 979-11-6684-382-2 94910
   979-11-6684-164-4 (세트)

한국국학진흥원 전통생활사총서 39

서당,
모든 이의 공부방

이우진 지음
한국국학진흥원 기획

세창출판사

책머리에

　한국국학진흥원에서는 2022년부터 문화체육관광부의 지원으로 전통생활사총서 사업을 기획하였다. 매년 생활사 전문 연구진 20명을 섭외하여 총서를 간행하기로 했다. 지난해에 20종의 총서를 처음으로 선보였다. 전통시대의 생활문화를 대중에 널리 알리기 위한 여정은 계속되어 올해도 20권의 총서를 발간하였다.

　한국국학진흥원은 국내에서 가장 많은 약 65만 점에 이르는 민간기록물을 소장하고 있는 기관이다. 대표적인 민간기록물로 일기와 고문서가 있다. 일기는 당시 사람들의 일상을 세밀하게 이해할 수 있는 생활사의 핵심 자료이고, 고문서는 당시 사람들의 경제 활동이나 공동체 운영 등 사회경제상을 이해할 수 있는 자료이다.

　한국의 역사는 '조선왕조실록'이나 '승정원일기'와 같이 세계적으로 자랑할 만한 국가기록물의 존재로 인해 중앙을 중심으로 이해되어 왔다. 반면 민간의 일상생활에 대한 이해나 연구는 관심을 덜 받았다. 다행히 한국국학진흥원은 일찍부터 민간에 소장되어 소실 위기에 처한 자료들을 수집하고 보존처리를 통해 관리해 왔다. 또한 이들 자료를 번역하고 연구하여 대중에 공개했다. 이러한 민간기록물을 활용하고 일반에 기여할 수 있는 방법으로 '전통시대 생활상'을 대중서로 집필하여 생생하게 재현하여 전달하고자 했다. 일반인이 쉽게 읽을 수 있는 교양학술총서를 간행한 이유이다.

총서 간행을 위해 일찍부터 생활사의 세부 주제를 발굴하는 전문가 자문회의를 개최하고, 전통시대 한국의 생활문화를 가장 잘 구현할 수 있는 핵심 키워드를 선정하였다. 전통생활사 분류는 인간의 생활을 규정하는 기본 분류인 정치, 경제, 사회, 문화로 지정하였다. 이를 기반으로 매년 각 분야에서 핵심적인 키워드를 선정하여 집필 주제를 정했다. 이번 총서의 키워드는 정치는 '과거 준비와 풍광', 경제는 '국가경제와 민생', 사회는 '소외된 사람들의 삶', 문화는 '교육과 전승'이다.

각 분야마다 5명의 집필진을 해당 어젠다의 전공자로 구성하였다. 어디서나 간단히 들고 다니며 쉽게 읽을 수 있도록 최대한 이야기체 형식으로 서술해 달라고 부탁하였다. 다양한 사례의 풍부한 제시와 전문연구자의 시각이 담겨 있어 전문성도 담보할 수 있는 것이 본 총서의 매력이다.

전문적인 서술로 대중을 만족시키기는 매우 어렵다. 원고

의뢰 이후 5월과 8월에는 각 분야의 전공자를 토론자로 초청하여 2차례의 포럼을 진행하였다. 11월에는 완성된 초고를 바탕으로 1박 2일에 걸친 대규모 학술대회를 개최하였다. 포럼과 학술대회를 바탕으로 원고의 방향과 내용을 점검하는 시간을 가졌다. 원고 수합 이후에는 각 책마다 전문가 3인의 심사의견을 받았다. 2024년에는 출판사를 선정하여 수차례의 교정과 교열을 진행했다. 책이 나오기까지 꼬박 2년의 기간이었다. 짧다면 짧은 기간이다. 그러나 2년의 응축된 시간 동안 꾸준히 검토 과정을 거쳤고, 토론과 교정을 통해 원고의 완성도를 높이기 위해 분주히 노력했다.

전통생활사총서는 국내에서 간행하는 생활사총서로는 가장 방대한 규모이다. 국내에서 전통생활사를 연구하는 학자 대부분을 포함하였다. 2023년도 한 해의 관계자만 연인원 132명에 달하는 명실공히 국내 최대 규모의 생활사 프로젝트이다.

1990년대 이후 폭발적으로 증가했던 일상생활사와 미시사 연구에 대한 학계의 관심이 근래에는 소홀해진 상황이다. 본 총서의 발간이 생활사 연구에 활력을 불어넣는 계기가 되기를 기대한다. 연구의 활성화는 연구자의 양적 증가로 이어지고, 연구의 질적 향상 또한 이끌 것이다. 그렇게 된다면 전통문화에 대한 대중들의 관심 역시 증가할 것으로 기대한다.

본 총서는 한국국학진흥원의 연구 역량을 집적하고 이를 대중에게 소개하기 위해 기획된 대표적인 사업의 하나이다. 참여한 연구자의 대다수가 전통시대 전공자이며 앞으로 수년간 지속적인 간행을 준비하고 있다. 올해에도 20명의 새로운 집필자가 각 어젠다를 중심으로 집필에 들어갔고, 내년에 또 20권의 책이 간행될 예정이다. 앞으로 계획된 총서만 100권에 달하며, 여건이 허락되는 한 지속할 예정이다.

　대규모 생활사총서 사업을 지원해 준 문화체육관광부에 감사하며, 본 기획이 가능하게 된 것은 한국국학진흥원에 자료를 기탁해 준 분들 덕분이다. 다시 감사드린다. 아울러 총서 간행에 참여한 집필자, 토론자, 자문위원 등 연구자분들께도 감사인사를 전한다. 책의 편집을 책임진 세창출판사에도 감사드린다. 이 모든 과정은 한국국학진흥원 여러 구성원의 노력이 있었기에 가능했다.

2024년 11월
한국국학진흥원 인문융합본부

차례

시대를 앞선 교육의 중심지

서당書堂은 마을의 배꼽이었다. 우리의 선조들은 그 배꼽을 통해 지식과 문화를 전수하고 교양인을 양성했다. 선조들은 자녀들이 서당에 가서 공부하고, 배운 지식을 실제 삶에서 구현하는 교양인으로 성장하기를 희망했다. 서당에서 길러 내고자 한 교양인은 유교의 이상인 도덕적 인물, 즉 '군자君子'이기도 하였고, 실제적 지식을 바탕으로 현실 문제를 해결하는 실용적 인물, 즉 '실학자'이기도 했다. 또한 일제강점기에는 국권 회복을 열망하는 의병장이나 독립운동가와 같은 '애국자'이기도 했다. 이처럼 서당은 시대의 요청에 부응하는 인재를 양성하는 역할을 했다.

그러나 많은 사람은 서당을 시대의 흐름에 부합하지 못한 폐쇄적 교육기관으로 여긴다. 회초리를 든 근엄한 훈장이 아이들에게 이해하지도 못하는 한문책을 억지로 암송시키는 모습을 연상하면서 말이다. 이는 마치 20세기 초 우리나라에 온 외

그림 1 김홍도, 《단원 풍속도첩》〈서당〉, 국립중앙박물관 소장

국인 여성 선교사 엘라수 와그너Ellasue Wagner(1881-1957)의 눈에
비친 서당의 모습과 같다.

> 글방은 매우 흥미로운 제도이다. 그것은 개인 집에 있
> 는 작은 방으로, 그곳에서 소년들은 큰 한문책을 앞에
> 두고 바닥에 무릎을 꿇고 앉는다. 그들은 눈을 반쯤 감
> 고 일종의 독경讀經 운율에 맞추어 몸을 앞뒤로 흔들며,
> 상형 문자를 단조롭게 계속 반복하여 읽는다. … 서로
> 입을 맞추지는 않지만 각자가 자신이 글을 읽고 있다
> 는 것을 알려 주려는 듯이 가장 큰 목소리로 외친다. 그
> 들이 낼 수 있는 가장 신비스러운 목소리로 말이다. 이
> 는 도저히 공부도 생각도 전혀 할 수 없을 것 같은 마치
> 벌통의 윙윙거림처럼 시끄럽고 혼란스러운 소리로 가
> 득 찬 수라장과도 같다. … 노인 훈장은 항상 존경과 숭
> 배를 받으며, 그의 지위는 위엄을 요구한다. 그는 떠들
> 썩한 학동들 앞에서 작고 낮은 책상 뒤의 방바닥에 앉
> 아 있다. 손에는 항상 길고 가느다란 회초리를 들고 있
> 어, 아이들에게 놀랄만한 주의력을 불러일으키거나 잘
> 못 발음을 한 아이들을 깨우치게 하고 있다.

> 『한국의 아동 생활』(1922)

벌통과도 같이 윙윙거리는 소리로 가득 찬 이 교육기관이 과연 효과적일까? 근대 교육을 받은 대부분의 사람은 의문을 가질 것이다. 회초리를 든 훈장이 아이들에게 억지로 한문을 암송시키는 모습은 현대의 교육 방식과 크게 다르기 때문이다.

하지만 세심하게 관찰하고 고민해 본 사람이라면 그렇게 말하지 않을 것이다. 이 여성 선교사는 서당의 교육방식을 높이 평가했다. 그녀는 "끊임없는 복습과 놀라울 만큼 개발된 기억력으로 학생들은 몇천의 한자들을 마음속에 새겨 넣을 수 있다"라고 말했다. 여기서 강조된 끊임없는 복습은 학습 내용의 지속적인 반복으로 학생들의 기억에 깊이 각인되는 과정을 의미한다. 이는 현대 교육의 반복 학습 원리와 일맥상통한다. 또한, 놀라울 만큼 개발된 기억력은 당시 학생들이 단순 암기가 아닌 체계적이고 효과적인 기억술을 활용했음을 시사한다.

물론 와그녀의 평가는 당시 서구 사회의 교육관에 기반한 것이며, 한국 문화와 교육에 대한 이해가 부족했을 수 있다는 점을 고려해야 한다. 그럼에도 불구하고, 그녀가 서당의 교육 방식에서 발견한 장점들은 주목할 만하다.

이뿐만이 아니다. 또 다른 외국 선교사인 호머 헐버트Homer Hulbert(1863-1949)도 서당 교육의 우수성을 인정했다. 헐버트는 7개 국어를 구사하는 언어학자이자, 한국어 연구와 보급에 앞장선 한글학자이며 조선에서 영어를 가르쳤던 교육자이기도 했다. 헐버트의 다언어 구사 능력은 그가 언어 학습과 교육에 대한 깊은 이해를 가졌음을 보여 준다. 그는 서당 교육에 대해 이렇게 말했다.

> 서당에서는 학년제라는 것이 없기 때문에, 우수한 학생이 학습 진도를 늦춰 우둔한 학생과 보조를 맞출 필요가 없다. 마찬가지로, 우둔한 학생도 학습 내용을 충분히 익히지 않고 피상적으로 진도를 나갈 필요가 없다. 각 학생은 자신의 재능에 따라 학습 진도가 결정되므로, 서양 교육보다 개인의 능력을 더 잘 발휘할 수 있다. 따라서 자기보다 앞서가는 학생들의 글 읽는 소리에 자극을 받아 더 열심히 공부하게 된다. … 글을 읽는 소년들이 실제로 자신의 목소리보다 다른 사람의 목소리에 더 귀를 기울이지는 않는다. 오히려 외부의 소음은 사고 과정을 산만하게 만드는 대신, 정신력을 집중시키도록 훈련하여 혼자 책을 읽을 때 더 큰 효과를 얻을 수 있도록 돕는다.
>
> – 『대한제국멸망사』(1906)

이처럼 서당에서는 현대 교육이론에서 중시되는 두 가지 원리가 실현되고 있었다. 첫째, 학생의 능력에 맞춰 학업 속도를 조절하는 '개별화의 원리'가 있었다. 이는 각 학생이 자신의 학습 능력에 따라 진도를 나갈 수 있도록 해 주었다. 둘째, 학생들이 주위의 방해 요소를 스스로 통제하도록 하는 '주의 집중의 원리'가 있었다. 이는 학생들이 집중력을 기르고, 주의 산만을 극복할 수 있도록 훈련하는 중요한 교육 방식이었다.

서당의 변천과 적응: 전통에서 근대로

실로 서당은 변화와 발전을 거듭하는 교육기관이었다. 주위 환경에 빠르게 적응하는 생명체와도 같았다. 서당은 각자의 필요에 따라 다양한 모습을 보였다. 어느 시대에 누가 설립했고 운영했느냐, 또 누구를 가르쳤느냐에 따라 서당의 성격과 교육은 크게 달랐다. 서당은 단순한 교육기관이 아니었다. 그것은 수양修養을 위한 장소이자, 문인門人들이 교류하며 학파學派를 확산시키는 장소이기도 했다. 또한 과거 시험 준비 공간이자 민중들에게 실용 지식을 전파하는 기관이기도 했다. 서당은 서원의 전초기지 역할을 하기도 했는데, 퇴계 이황李滉(1501-1570)의 도

귀산 모범서당 전경(1936), 국가기록원 소장

산서당이 후에 도산서원으로 변경된 것이 그 예이다. 심지어 서당은 교육 기능뿐만 아니라 선조를 모시고 제사를 지내는 기능을 지닌 기관으로 변모하기도 했다.

근대에 들어서도 서당의 적응 능력은 사라지지 않았다. 서당은 새롭게 개량되어 한문 교육 중심의 전통적 교육과정을 탈피하여 지리, 역사, 산술 등을 교육하기 시작했다. 훈장도 세계정세를 아는 인물이 담당하였다. 또한, 서당은 남성의 전유물이었던 교육의 영역에 여성들이 적극 참여할 수 있는 기관으로 활용되었다. 일제강점기에는 서당이 더욱 중요한 역할을 했다. 일본이 우리 민족을 일본화하려는 강력한 동화 정책을 펼치는 가운데, 서당은 우리 민족의 의식과 정체성을 고취시키는 교육의 장으로 역할을 했다. 민간에 의해 설립되고 운영되었기 때문에 서당은 이처럼 다양한 변모 양상을 띨 수 있었다.

그렇다고 서당의 효용과 가치가 민간적 차원의 교육기관에 머물렀다고 판단하는 것은 섣부른 일이다. 서당은 국가적 차원에서도 중요한 교육기관으로 활용되었다. 조선시대에 서당은 백성들의 교화를 담당하는 핵심 기관으로 역할했다. 특히 임진왜란과 병자호란 이후, 조정은 이 위기를 극복하기 위해 서당에 주목했다. 당시 향교와 서원과 같은 교육시설은 그 명목만 남아 있었고, 이들을 제대로 운영하려면 시설 재건이 필요했지만, 재정이 열악하여 교관을 파견하는 것조차 어려운 상황이었다. 이에 조정朝庭은 설립이 용이한 서당에 주목하게 되었다. 서당은 재정적 제약 없이 빠르게 설립되고 운영될 수 있는 장점 덕분에, 국가와 민간 모두에게 중요한 역할을 담당할 수 있었다. 이러한 점에서 서당은 변화와 발전을 거듭하며 시대와 상황에 맞추어 적응해 온 교육기관이었다. 여성 선교사 엘라수 와그너는 서당의 이러한 특성을 다음과 같이 기록하였다.

서당의 선생님은 보통 마을의 학자로, 가난하더라도 위엄 있고 존경받는 중요한 인물이었다. 학생들은 학비를 지불했다. 학교에는 특별한 도구가 거의 필요하지 않았다. 책상이나 의자, 칠판 같은 물건들이 필요하지 않았기 때문에, 스승의 집의 어느 방이나 마루, 심지어 산허리도 학교가 될 수 있었다. 가장 중요한 요소는 선생님이었다.

－『한국의 어제와 오늘』(1931)

선생님만 있으면 어디든 세울 수 있는 서당은 많은 재정이나 설비가 필요하지 않다. 그렇기 때문에 서당은 백성들에게 유학적 질서를 전파하여 향촌 사회를 안정화할 수 있는 최적의 교육기관이었다. 신분제의 동요에 불안을 느낀 향촌의 사족들도 이러한 조정의 입장에 발맞추어 수령들과 함께 서당 설립에 적극적으로 동참하였다. 서당의 이러한 특성은 여러 면에서 유리했다. 첫째, 설립과 운영에 큰 비용이 들지 않아 경제적 부담이 적었다. 둘째, 유학적 가르침을 통해 사회 질서를 유지하고, 백성들에게 도덕적 가치를 전파할 수 있었다. 사족들은 신분제가 동요하는 상황에서 자신들의 지위를 유지하기 위해 서당 설립에 동참했다. 서당을 통해 유교적 가치를 재확립하고, 그들의 권위를 강화할 수 있었기 때문이다. 수령들 역시 이러한 서당의 역할을 중요하게 생각하고, 지역 사회의 안정을 위해 서당 설립을 지원했다. 이처럼 서당은 경제적 부담이 적으면서도, 유학적 질서를 전파하고 향촌 사회를 안정화하는 데 크게 기여한 교육기관이었다.

　서당은 세계 교육사에서도 보기 드문 강력한 생명력을 지닌 교육기관이었다. 일제는 서당의 이러한 생명력을 간과하고, 서당을 재래 조선의 부패한 한문 교육을 담당하는 낡은 교육기관으로 치부하였다. 그러나 서당의 적응력과 변화 능력에 놀란 일제는 1918년에 「서당규칙」을 제정하고, 1929년에 개정하여 민족 교육의 장인 서당을 근본적으로 억압하고 차단하려 하였다. 서당의 생명력은 특히 이웃 나라의 유사한 교육기관과 비교할 때 더욱 두드러진다. 일본의 데라코야는 서구 근대교육제도가 도입되고 메이지유신 이후 근대교육기관인 소학교로 재편되면서 완전히 사라졌다. 대만의 서방도 근대교육기관인 공학교와 공존했지만, 대만총독부의 「교육령」에 따라 식민지 말기에 소멸되었다. 그러나 서당은 식민지 시대에도 보통학교와 함께 존속하며 탄압에 맞섰다. 서당의 운영 수와 학생 수는 여전히 상당하였다.

연도	1912	1922	1932	1942
서당 수(개)	18,238	21,057	8,630	3,052
학생 수(명)	169,077	280,862	142,668	153,784

표 1 일제강점기의 서당 수와 학생 수

　이는 서당이 단순한 전통 교육기관에 머물지 않고, 시대의 변화에 따라 유연하게 적응하며 지속적으로 발전해왔음을 보여 준다. 서당은 교육 내용과 방식에서 변화와 혁신을 거듭하며, 학생들에게 실질적인 교육을 제공했다. 이러한 적응력과 자생성 덕분에 서당은 일제의 탄압 속에서도 꿋꿋이 생존할 수 있었다. 서당의 이러한 특성은 그저 전통 교육기관으로서의 역할을 넘어, 민족의 정체성을 지키고 교육의 본질을 유지하는 데 중요한 역할을 했다. 심지어 해방 이후에도 상당수의 서당이 굳건하게 남았다.

　이처럼 서당은 시대와 상황에 맞춰 유연하게 변모하며 교육의 본질을 지켜 왔다. 근대 교육제도가 도입된 이후에도, 일제강점기 동안에도, 그리고 해방 이후에도 서당은 여전히 중요한 역할을 수행했다. 이러한 서당의 생명력은 단순히 전통을 고수하는 교육기관이 아니라, 시대의 변화에 부응하여 끊임없이 발전하고 적응해 왔음을 의미한다. 따라서 서당을 시대의 흐름에

부합하지 못한 폐쇄적 교육기관으로 보는 인식은 바로잡아야
할 오해이다.

서당에 대한 오해와 진실

사실 서당에 대한 더 심각한 오해는 서당을 '향교와 서원 같
은 상급학교에 들어가기 위한 준비 교육기관' 혹은 '초보적인 아
동교육기관'으로만 인식하는 것이다. 물론 서당이 기초적인 한
문 능력과 유학에 대한 초보적 지식을 가르치는 역할을 했다는
점은 사실이다. 또한, 서당을 다닌 학생들이 향교와 서원으로
진학한 것도 부정할 수 없다. 그러나 서당의 교육 대상은 매우
다양했다.

서당에는 아동부터 성인, 천민부터 학덕 높은 사대부에 이
르기까지 다양한 연령과 계층의 사람들이 있었다. 예를 들어,
조목趙穆(1524-1606), 김성일金誠一(1538-1593), 류성룡柳成龍(1542-
1607) 같은 성년 유학자들도 퇴계 이황의 도산서당陶山書堂에서
공부했다. 18세기 경상도 고성의 서당 훈장이었던 구상덕仇尙德
(1706-1761)은 무려 제자 99명을 두었는데, 그 상당수가 중인이나
평민이었다. 같은 시기 김경천金敬天(1675-1765)은 중인 출신의

훈장으로서 그의 제자 중 절반이 양반이었다. 심지어 천민 출신도 서당에서 배웠다. 천민 신분으로 학덕이 높았던 16세기 유학자인 서기徐起(1523-1591)는 7세에 자신이 다니던 서당이 헐리게 되자, 스승에게 이렇게 시를 지어 보냈다.

> 서당을 헐지 말고 오래 놔두어　　　書堂長勿毀
> 제가 성현을 배울 수 있게 하소서.　　使我學聖賢

이처럼 서당은 특정 계층이나 연령대에 국한되지 않은 폭넓은 교육기관이었다. 서당은 단순히 향교나 서원으로 진학하기 위한 준비 단계에 그치는 곳이 아니었다. 서당은 아동부터 성인에 이르기까지 다양한 사람들에게 교육을 제공했으며, 각자의 필요와 수준에 맞춘 학문을 가르쳤다. 서당은 다양한 계층의 사람들이 함께 배우며 성장할 수 있는 공간이었던 것이다.

서당의 교육 내용을 보더라도, 기초적인 문자 교육에서부터 우주와 인간에 대한 형이상학적 강론까지 다양했다. 학문에 입문하는 아동을 대상으로 하는 동몽서당童蒙書堂, 『사서오경』 등의 경전을 가르치고 과거시험 준비까지 아우르는 경학서당經學書堂, 그리고 이름난 유학자들이 자신의 제자들과 함께 수준 높은 우주론 및 수양론 등을 강론했던 도학서당道學書堂 혹은 고제 서당高弟書堂 등이 있었다. 이처럼 높은 수준의 유학자로부터 천민에 이르기까지 모든 이들이 배웠던 교육기관이었기에 '서당은 모든 이의 공부방'이었다.

그럼에도 불구하고, 서당이 '초등 수준의 상급학교 준비 교육기관'으로 오해되고 있는 이유는 일제강점기 전후에 만들어진 서당에 대한 이미지가 해방 이후에도 답습되었기 때문이다. 이러한 서당에 대한 이미지는 근대 학교 교육이 도입되는 과정에서 중요한 역할을 했던 일본의 교육 관료들에 의해 형성되었다. 서당을 초급 수준의 준비 교육기관으로 이해하는 태도는 '초급→중급→고급'의 위계를 두는 근대적 교육체제를 상정한 견해에서 비롯되었다. 당시 일본은 초·중·고의 교육체제를 갖추고 있었다. 이에 비해 일본의 전통 교육기관인 데라코야는 서민 아동을 대상으로 읽고 쓰기와 주판을 가르치는 것을 목표로 하는 초등 단계의 실용 교육에 치중했다. 데라코야는 이후 초등교육기관인 소학교로 전환되었다. 이와 달리 조선의 서당은 초·중·고급의 다양한 수준을 아우르는 종합적인 교육을 실시했다. 그러나 일본 교육관료의 눈에는 이러한 차이가 제대로 인식되지 않았고, 우리의 전통 교육제도가 '서당→향교·서원→성균관'이라는 위계를 지닌 체제로 비췄던 것이다. 일제 통감부의 통제를 받던 학부學部가 발행한 문서에는 이러한 인식이 반영되었다.

> 종래의 한국 교육기관으로는 경성京城에 성균관 및 동·
> 서·남·중의 사학四學이 있으며, 각 군郡에 향교가 있고,
> 각 면·동에 서당이 있다. 서당은 이른바 초등교육을
> 담당하는 기관으로, 서당에서 향교로, 향교에서 성균
> 관으로 진학하는 것이 최고의 학문을 수양하는 순서
> 였다.
>
> – 『한국교육』(1910)

더욱이 일제는 서당을 미개한 구태 교육의 온상으로 규정하
고 문명의 근대 교육으로 나아가기 위해 혁파해야 할 대상으로
지목했다. 조선총독부의 학무국은 "아침저녁으로 한문을 소리
내어 읽는 법을 가르칠 뿐 결코 일상의 지식을 가르치는 일이
없다"라며 서당을 현실에 필요한 지식과 기능을 가르치지 못하
는 '구시대의 초등교육기관'으로 비난했다. 또 일제 식민교육의
기초를 마련한 시데하라 다이라(幣原坦)도 서당에 대해 다음과
같이 비판했다.

> 서당은 옛날부터 존재한 사립의 교육기관으로, 지금

도 각 부군府郡 곳곳에서 찾아볼 수 있다. 그 시설이 불
완전하고 한문 교육을 주로 하며 교수법도 매우 졸렬
하다. 그러나 보통교육기관이 아직 부족하기에 서당
을 없애는 것이 좋은 방책이 아니라고 판단했다. 따라
서 종래대로 유지하며 서서히 지도·계발을 하는 방침
을 택했다. 그러나 병합 이후 세월이 지나 제반 교육시
설이 현저히 발전했으므로, 서당에 대하여 간단한 규
정을 만들어 이를 단속할 필요가 있다고 인정하였다.
1918년 2월, 서당규칙을 제정하여, 부윤府尹과 군수에
게 설립과 폐지 서류를 제출하도록 하고, 서당에 대한
훈령을 만들어 감독 방침을 제시하였으며, 서당에 사
용하는 교재를 제시하였다.

– 『조선교육연혁약사』(1922)

여기서 일제는 서당의 설비, 교육 내용, 교수법에 심각한 문
제가 있다며, 당시 부족한 초등교육기관을 대체하기 위해 서당
을 어쩔 수 없이 활용해야 한다고 말했다. 또한, 서당의 낙후된
교육을 계발시키기 위해서는 지도와 감독이 필요하기에 기본
적인 규정을 마련하여 「서당규칙」을 제정했다고 주장했다. 그
러나 이는 허울 좋은 명분일 뿐, 실제로는 서당을 통제하고 탄

압하기 위함이었다.

당시 우리의 서당은 기존의 형태를 유지한 재래서당과 시대의 흐름에 따라 변화를 시행한 개량서당으로 나뉘었다. 개량서당은 대량의 학생을 수용할 수 있도록 교사校舍를 마련하고, 교육 내용도 다양화했다. 기존의『천자문』,『소학』,『사서삼경』등의 교과 외에도 국어, 산술, 지리, 역사 등을 포함하여 폭넓은 교육을 실시했다. 신식 학문의 교재로는 박문국에서 간행한『심상소학』,『초등소학』등이 활용되었고, 일본어는 주로 회화 중심으로 가르쳤다고 한다. 이러한 다양한 교과를 가르치기 위해 교사敎師도 전통 교과에 대한 이해는 물론, 신식 교과에 대한 충분한 교양을 갖춘 인물이어야 했다. 따라서 서당의 설비, 교육 내용, 교수법에 문제가 있다는 일제의 주장은 사실과 달랐다.

무엇보다 일제가 탄압한 주요 대상은 재래서당이 아닌 개량서당이었다. 개량서당 상당수가 민족의식을 고취하는 교육의 중심지였기 때문이다. 외세 침탈에 항거하여 선각자들이 애국계몽교육을 위한 사립학교를 설립하고 운영하려 했지만, 일제는 이를 통제하고 탄압했다. 이에 선각자들은 사립학교 대신 개량서당을 설립하여 구국운동을 펼치고자 했다.

한 예로 1928년 영주 무섬마을에 설립된 '아도서숙亞島書塾'이

그림 3 새로 재건한
아도서숙, 사진 이우진

있다. 이 서숙은 기존의 '아도서당'을 기반으로 지역의 열악한
교육 현실을 개선하고 민족교육을 실시하고자 설립된 개량서
당이었다. 아도서숙의 교육 목표는 다음과 같았다.

첫째, 글 모르는 사람에게 글을 가르치자. (문맹 퇴치)
둘째, 우리글로 우리를 알게 하자. (민족 교육)
셋째, 우리의 얼을 드높여 같이 뭉치자. (민족 정신 고양)

– 김운한, 『아도서숙기亞島書塾記』(1994)

이 아도서숙은 학생이 참여 가능한 시간에 따라 오전, 오후,
야간 세 반을 두었으며, 학생의 학습 수준에 따라 반을 구성했
다. 학습 방식은 남녀노소 차별 없이 서로의 견해를 표명하고

정읍 무성서원, 한국민족문화대백과사전에서 전재

토론하며 공동의 학습 목표에 도달하는 협동학습의 모범 사례
였다. 또한, 학생들의 체력 향상을 위해 수업 중간에 축구 등의
운동도 시행했다. 그러나 일본 순사가 수업에 들어와 방해하고
통제함으로써 서숙 운영에 어려움을 겪었고, 결국 1933년에 문
을 닫고 말았다.

　일제는 아도서숙과 같이 민족 교육을 실시하는 개량서당을
집중적으로 탄압했다. 1918년 「서당규칙」을 제정하여 한문 외
에 국어, 조선어, 산술 등을 가르칠 때는 총독부 편찬 교과서를
사용하도록 강요했다. 1929년에는 이를 개정하여 일본어 교과

서 사용과 일본 국민도덕 교육까지 의무화했다. 이로 인해 서당은 민족교육의 장으로서 제 역할을 하기 어려워졌고, 자유로운 교육이 가능한 영역은 전통 한문 교과와 기초적인 읽기, 쓰기, 셈하기 등으로 제한되었다. 이러한 상황이 오래 지속되면서 사람들은 자연스레 서당을 '서당→향교·서원→성균관'의 위계 구조에서 최하위에 있는 초등 교육기관이자, 시대에 뒤떨어진 구시대적 교육을 고수하는 곳이라는 인식을 갖게 되었다.

이처럼 서당에 대한 부정적 이미지는 일제에 의해 만들어지고 유포된 것이다. 안타깝게도 해방 이후에도 우리는 일제가 심어 놓은 잘못된 인식을 그대로 받아들였다. 이는 하루빨리 극복하고 청산해야 할 식민지 잔재이다. 실제로 서당, 특히 개량서당의 교육 내용과 방식은 상당히 근대적이고 진보적이었다. 개량서당은 민족 정신 고양을 위해 한글 교육을 실시하였고, 학생 중심의 토론과 협동 학습을 장려하였으며, 신체 단련까지 아우르는 전인교육을 지향하였다. 이는 전근대적 교육관에서 크게 벗어난 혁신적인 모습이었다.

역사는 '만약'이라는 가정을 허용하지 않는다. 그러나 일제의 탄압만 없었다면 개량서당을 중심으로 서당은 근대 교육으로의 이행을 자연스럽게 이루어 냈을 것이다. 18세기 이래로 평민층의 교육 주체 의식이 성장하고, 봉건적 교육에 맞선 자율적 교육의 시도가 늘어나는 등 그 토대는 이미 마련되고 있었다. 어쩌면 현재 우리나라 교육의 중심은 전국 곳곳에 자리한 서당이 차지했을지도 모른다. 그 본질적 이념인 '도덕적 인격자'의 양성이라는 목표를 유지하면서도, 시대의 요구에 부응하는 교육기관으로 말이다. 디지털 도서관, 온라인 학습 플랫폼, 가상현실(VR) 체험실 등을 구비하여 전통과 현대를 아우르는 교육환경이 제공되었으리라. 이를 통해 서당은 '기후위기'와 'AI 교육' 등 현대사회의 주요 이슈들을 혁신적으로 다루지 않았을까?

이제 우리는 일제 식민지배가 남긴 편견을 걷어 내고 서당의 진면목과 가치를 오롯이 마주할 때가 되었다. 우리 역사에서 가장 긴 생명력을 지녔던 교육기관인 서당으로 직접 발걸음을 내딛어 보겠다. 한국인 모두의 공부방이자, 선조들의 삶과 지혜가 켜켜이 쌓인 공간, 그 서당으로 말이다.

서당의 기원에서
17세기 서당의 확산까지

흥학興學의 이념과 서당

서당의 기원과 발전: 고려 말부터 조선의 사학 상황

서당의 기원을 논할 때 일반적으로 고구려의 경당扃堂을 언급한다. 경당은 서당과 유사하게 촌락마다 설치되어 평민을 포함한 다양한 계층의 자제들을 가르쳤던 사설교육기관이었기 때문이다. 경당은 지방 자제들에게 유교경전과 활쏘기 같은 문무文武를 가르치며 지역사회에서 중요한 역할을 담당했던 것으로 알려져 있다. 그러나 경당과 서당의 직접적인 연결고리를 입증할 사료가 매우 부족한 실정이다.

현재 사료를 통해 확인할 수 있는 서당의 기원은 고려 말기 (14세기 후반)에 사족士族이 개별적으로 설립한 '사치학당私置學堂'이나 '사치서재私置書齋'이다. 이 기관들은 경제적으로 궁핍한 사족이 생계를 유지하기 위해 설립하기도 했으며, 관직에서 물러난 이들이 '개인 수양과 백성 교화'라는 '수기치인修己治人'의 유학 이념을 실현하고자 세우기도 했다. 이러한 고려의 사설 학당과 서재 전통은 조선의 서당으로 이어져 크게 발전하게 된다.

사실 조선은 서당이나 서원 같은 사학私學이 아닌 향교나 성균관 같은 관학官學의 진흥을 통해 인재를 양성하고자 했다. 조선은 건국과 함께 '농업과 양잠農蠶의 진흥'과 '교육의 진흥興學'을 최우선 정책으로 삼았다. '농업은 천하 국가의 근본大本'이라는 이념 아래 농업 생산의 안정과 확대를 위해 조치를 취하는 한편, 한양의 사학四學과 성균관, 지방의 향교 같은 관학을 진흥하여 유교적 교양인을 길러 내고자 했다. 특히 '한 고을에 하나의 학교'라는 '일읍일교一邑一校' 원칙을 내세우며 각 군현에 향교 설치를 서둘렀다.

하지만 조선의 관학 진흥책은 많은 난관에 봉착했다. 무엇보다 큰 문제는 교육을 담당할 스승인 사장師長 확보였다. 향교에 파견된 교관은 한번 임명되면 다른 직위로 옮길 수 없었기에, 관료가 되려는 이들은 모두 교관직을 기피했다. 심지어 월

급조차 없어 양식을 싸들고 부임해야 할 정도였다. 이러한 상황에서 수령은 교관을 무시하고 제대로 대우하지 않았으며, 학생들마저 교관에게서 배우는 것을 수치스럽게 여겼다. 이로 인해 교관의 수준은 날로 떨어져 결국 글도 모르는 이가 교관으로 임명되는 지경에 이르렀다. 당시 충청도 관찰사였던 김일손金馹孫(1464-1498)은 이 같은 상황을 보다 못해 연산군에게 다음과 같이 상소했다.

> 제가 충청도에 이르러 주현州縣의 교관들을 두루 시험해 보았습니다. 그런데 교생 중에는 두어 개의 경전에 능통한 자가 있는 반면, 교관은 한 경전에도 통하지 못하는 수준이었습니다. 이러니 스승이 교생을 가르치지 못할 뿐만 아니라, 도리어 교생이 스승을 가르치게 되니 진실로 탄식할 일입니다. 이는 뇌물 청탁을 통해 스승의 직을 얻어서 군역軍役을 면제받기 위함입니다.
>
> -『연산군일기』 권3, 연산 1년 5월 28일

이처럼 봉급도 없고, 승진도 어려우며, 수령과 학생들에게 무시당하는 교관직을 뇌물까지 주고 맡으려 한 까닭은 군역 면제 때문이었다. 이러한 상황에서 관학의 진흥은 요원할 수밖에 없었다. 조정은 관학 활성화를 위해 여러 방책을 내놓았다.

먼저 교관의 처우 개선을 위해 녹봉을 지급하고, 수령이 함부로 대하지 못하도록 했다. 또한 향교에 토지와 노비를 지급하고 학업에 필요한 비용과 도서를 제공하는 등 물적 지원책도 마련했다. 그러나 이 같은 노력의 효과는 미미했다. 결국 조정은 사학私學의 도움을 받을 수밖에 없었다.

일타강사부터 향촌 교화까지

국가 차원에서 사치학당이나 사치서재를 운영하여 성과를 거둔 이들에게 포상하기도 하였다. 대표적인 인물로는 유사덕劉思德을 들 수 있다. 그는 30년 이상 훈장으로 지내며 70여 명의 제자를 생원시, 진사시, 문과, 무과에 합격시켰다. 유사덕의 제자들을 비롯한 90여 명의 유생이 단종에게 청원하여 유사덕을 조정 관원으로 발탁하였다. 유사덕은 상당한 수준의 과거시험 준비교육을 제공한, 오늘날로 말하면 '일타강사'였다. 또 다른 유명한 일타강사로는 성종 대의 유인달兪仁達이 있다. 그는 관직에서 은퇴한 후, 집 옆에 서당을 지어 34명을 교육했는데, 그중 10명이 생원시와 진사시에 합격하였다. 유인달 역시 과거시험 준비에 탁월한 능력을 보인 인물이었다.

이러한 과거시험 준비를 위한 서당 외에도 개인 수양과 향촌 교화를 위한 서당도 존재하였다. 그 대표적인 예가 사림파의 영수 김종직金宗直(1431-1492)이 김천에 세운 '경렴당景濂堂'이다. 김종직은 송나라 유학자 주돈이周敦頤(1017-1073)를 존경한다는 뜻에서 자신의 서당을 그의 호 '염계濂溪'를 따 경렴당이라 명명했다. 그는 연꽃을 사랑한 주돈이를 본받아 서당 앞에 연못을 조성하고 연꽃을 심었다. 김종직은 '더러운 환경 속에서도 물들지 않는 연꽃처럼 어지러운 세상 속에서 바른 삶을 살겠다'라는 다짐으로 서당에 연꽃을 심었다. 이처럼 김종직에게 서당은 단순한 지식 전수의 장을 넘어, 자신의 몸과 마음을 닦는 위기지학爲己之學의 도량이었다. 이는 인간적 성장과 도덕적 수양을 중시하는 교육 본연의 가치를 구현한 것이라 하겠다.

반면, 가사문학의 효시 「상춘곡」의 작가 정극인丁克仁(1401-1481)은 서당을 향촌 교화의 거점으로 활용했다. 그는 후학 양성을 자신의 소임으로 여겨, 늦은 나이에 벼슬길에 올랐다가 이내 사임하고 현재의 정읍 무성서원武城書院 자리에 '향학당鄕學堂'을 세웠다. 이곳에서 정극인은 어린아이들을 가르치는 한편, 향음주례鄕飮酒禮를 열어 지역사회 교화에도 힘썼다. 향음주례는 덕망 높은 어른을 공경하는 잔치로, 이를 통해 어진 이를 존숭하고 노인을 봉양하는 유교적 미덕을 간접 교육할 수 있었다. 이

행사는 유교적 예의범절과 사회 질서를 익히고 체화하는 데 기여했다. 정극인은 이처럼 서당을 매개로 아동 교육과 사회 교화라는 두 마리 토끼를 잡고자 했다. 단순히 학문을 전하는 데 그치지 않고, 예의와 화합의 향촌공동체 건설을 지향했던 것이다. 향학당은 그의 이러한 교육철학을 구현하는 장이었다.

사림파의 형성과 서당: 육무당六務堂과 도산서당

사림의 서당: 향촌 교화와 후학 양성의 중심지

16세기 사림은 정극인의 향학당처럼 서당을 향촌 교화 활동의 중심지로 활용하고자 했다. 당시 지식인들은 무오사화戊午士禍(1498년)와 갑자사화甲子士禍(1504년) 등 잇따른 사화士禍를 겪으며 고향에 은거하게 되었다. 그들은 현실 정치 참여 대신 지역 사회 교화를 통해 자신들의 이상을 실현하고자 했고, 이 과정에서 서당이 핵심적 역할을 맡게 되었다.

사림은 원래 서당보다는 향사례鄕射禮나 향음주례 같은 향촌 의례에 주목했다. 이러한 의례를 통해 지역 주민들에게 유교적 가치를 심어 주려 했기 때문이다. 그러나 이 의례들은 곧 현실적 한계에 부딪혔다. 주민들이 굶주림에 시달리는 상황에서 억지로 향음주례를 치르다 보니, 풍속을 바로잡기는커녕 오히려 비난과 조롱의 대상이 되고 말았다.

이 문제를 깨달은 사림은 향촌 의례의 한계를 극복하고자 했다. 그들은 유교적 가치를 직접 교육하는 방식으로 전환하면서 서당을 적극 활용하기 시작했다. 이로써 서당은 단순한 교육 기관을 넘어 지역사회를 교화하고 도덕적 가치를 심어 주는 중추적 역할을 맡게 되었다. 사림은 서당을 통해 자신들의 유교적 이상을 구현하고, 예의와 질서가 살아 있는 공동체를 만들어가고자 했던 것이다. 결국 16세기 사림은 서당을 구심점 삼아 지역사회 교화에 지속적인 노력을 기울였다. 이는 서당이 지식 전달을 넘어 향촌사회의 중심축으로서 중요한 기능을 수행했음을 잘 보여 준다.

김진金璡(1500-1580)의 부암서당傅巖書堂이 바로 그러한 서당이었다. 김진은 소과小科에 급제해 성균관에서 수학했으나, 벼슬을 위한 대과大科 응시를 포기하고 안동 부암으로 내려가 서당을 열어 후진 양성에 전념했다. 그는 학칙과 교과과정을 체계적으로 정비하고, 자제들과 마을 어린 선비들을 모아 성심껏 가르쳤다. 수십 년간 제자를 기르며 눈부신 성과를 거두었는데, 특히 자식 교육에서 탁월한 결실을 맺어 '오등과댁五登科宅'이라 불리기도 했다. 그의 다섯 아들이 모두 소과에 합격하고 그중 세 명이 대과마저 통과하는 쾌거를 이뤘기 때문이다.

김진의 서당 교육은 가정을 넘어 향촌사회 전반에 큰 영향을 미쳤다. 그는 제자들에게 『소학』의 가르침과 『주자가례』의 예법을 익히며 유교적 예의를 몸소 실천하도록 이끌었다. 또한 마을에서 무당을 쫓아내고 성황당을 철거하는 등 지역의 그릇된 풍속을 바로잡는데도 앞장섰다.

한편 사림에게 서당은 '새 시대를 이끌 후배 사림'을 키워낼 주요 기관이기도 했다. 김정국金正國(1485-1541)의 '육무당六務堂'이 대표적이다. 김정국은 기묘사화己卯士禍(1519년)로 파직된 뒤 고양 망동芒洞에 은거했다. 그러나 그의 명성을 듣고 찾아 드는 제자들을 위해 서당을 열고 본격적인 후학 교육에 나섰다. 사화로 큰 시련을 겪었지만, 주자학 탐구와 전파야말로 자신을 포함한 사림의 존재 이유였기에 이처럼 김정국은 역경 속에서도 서당 교육에 몰두함으로써 사림 정신을 계승하고 후학을 길러 내고자 했다. 그는 제자에게 보낸 시에서 이렇게 말했다.

성리학이 우리에게 화를 불러온 뒤로
自從理學禍吾人
세상의 유학자들 그것을 들으면 모두 등을 돌리고

世儒聞之皆背走

성리서를 끼고 있는 자를 보면

見人有挾性理書

입에 가득 온갖 비방을 쏟아 낸다네.

百謗爭譁不容口

부형이 훈계하는 바가 바로 이것이지만

父兄敎戒亦在此

태연히 개의치 않으면 도리어 익숙해지리라

恬然不怪猶習狃

– 『사재집思齋集』

　　김정국은 성리학을 공부하고 전파하는 일이 사림의 본분임을 강조하며, 제자들에게 아무리 비방과 비난이 있더라도 흔들리지 말고 성리학에 매진할 것을 당부했다. 육무당의 교육철학 역시 이 성리학에 바탕을 두었다. 육무당은 '여섯 가지를 힘써 실천하는 서당'이란 뜻으로, 그 여섯 가지는 '입지立志·독서讀書·학문學問·조심操心·처신處身·강론講論'이었다. 이는 모두 성리학의 이상인 '성인聖人 되기'를 향한 노력의 일환이었다.

　　김정국은 제자들에게 '성인聖人이 되느냐 범인凡人에 그치느냐는 하늘과 땅의 차이'라며 '1분 1초도 가볍게 여기지 말고 수

그림5 김정국의 『사재집』 서울대학교
규장학한국학연구원 소장

양에 조금의 해이함도 없어야 한다'라고 강조했다. 그에게 성인
이 되는 것이야말로 인간의 궁극적 목표였고, 이를 위해선 끊임
없는 수양과 학문적 탐구가 필수적이었다.

따라서 김정국의 육무당은 단순한 교육기관이 아니라 성리
학의 이념을 구현하고 사림 정신을 계승할 인재를 양성하는 도
량이었다고 할 수 있다. 제자들은 이곳에서 성리학의 가르침을
배우고, 일상에 적용하며, 이상적 인간상을 향해 나아가는 법을
익혔다. 육무당은 김정국의 교육철학과 시대의식이 응축된 공

간이었던 셈이다.

이황의 도산서당: 성인됨을 추구하는 교육의 전형

교육의 목표를 성인됨에 두었던 또 다른 서당으로는 퇴계
이황의 도산서당이 있다. 이황은 인간이 가야 할 진정한 길은
과거 급제가 아닌 성인됨에 있다고 보았고, 도산서당에서 과거
시험 준비를 위한 글짓기인 제술製述 공부를 엄격히 금지했다.
그는 도산서당을 통해 성리학의 이상향을 구현하고자 했다. 비
록 세 칸 남짓한 아담한 건물이었지만, 도산서당에는 조선 유학
자들이 추구한 건축적 이상이 담겨 있었다. 이황은 고향 안동
도산에 터를 잡은 뒤 서당 설계도를 직접 그리고 벗 이문량李文

그림 6 도산서당 현판, 안동시청에서
전재

樑(1498-1581)에게 공사 감독을 부탁하며 이러한 편지를 보냈다.

당堂인 도산서당은 반드시 남향으로 지어 예禮를 행하기에 편리하게 하고, 재齋인 농운정사는 서쪽 정원을 바라보게 하여 아늑한 분위기를 조성하기 위함입니다. 그 외에도 방, 부엌, 창고, 대문, 창문 등의 배치에도 각각의 의도가 담겨 있습니다. 이 구조가 변경될까 염려됩니다. 남쪽 변의 3칸에 들보와 문미門楣의 길이는 8자로 하고, 북쪽 변의 4칸은 문미를 남쪽과 동일하게 8자로 하되 들보는 7자로 한 것은, 처마에 여유를 주기 위함입니다. 중앙의 동쪽과 서쪽 2칸은 들보를 8자로, 문미를 7자로 하십시오. 이렇게 하면 뜰이 낮아 마치 말[斗]처럼 보일 수 있지만, 이 2칸은 지붕이 낮고 처마가 짧아도 햇볕이 잘 들어와 뜰이 작은 것이 문제가 되지 않습니다. 더욱이 도산서당과 농운정사는 뜰 안쪽을 향하지 않게 하고, 부엌 등만 밝게 하면 될 것 같습니다. 어떻게 생각하십니까?

- 『퇴계집退溪集』

이황은 서당의 모든 건물 배치와 구조를 세심하게 계획하고

도산서당 전경, 안동시청에서 전재

각각의 건물에 의미를 부여했다. 이는 그가 도산서당 전체를 교육 공간으로 설계하려 한 까닭이다. 도산서당은 그의 교육철학이 응축된 공간이었다. 예컨대 서당을 남향으로 배치한 것은 예를 시행하기에 편하게 하기 위함이었다. 이황에게 예는 형식적 구호가 아니라 삶 속에서 실천해야 할 도리였다. 도산서당을 통해 그는 구체적인 삶에서 예를 실천하는 인물을 기르고자 했다.

서당의 방 한 칸과 마루 한 칸에도 교육적 뜻이 담겼다. 자신이 기거할 방 이름은 '완락재玩樂齋'로, 주희朱熹(1130-1200)의 「명당실기名堂室記」에 나오는 "진리와 이치를 즐기고 그 뜻을 찾기를 평생토록 해도 싫증 내지 않는다"라는 문장에서 따온 것이다. 제자들을 가르칠 마루의 이름은 '암서헌巖棲軒'으로, 주희의 시 「운곡雲谷」에 나오는 "스스로 할 수 없다고 오랫동안 여겼지만 산속에 거처하며 조금이라도 보람이 있기를 바란다"라는 구절을 인용했다. 이처럼 도산서당은 단순한 교육기관이 아니라 이황의 교육철학과 성리학적 이상을 구현하는 공간이었다. 이러한 설계와 명명에서 이황이 도산서당에서 진리를 탐구하고 부단히 성장을 도모하는 인재를 기르고자 했음을 엿볼 수 있다.

이황의 교육철학은 제자들이 기숙하는 공간인 '농운정사隴雲精舍'에서도 잘 드러난다. 그는 정사의 건물 배치를 공부工夫의 '공工'자 모양으로 하여 제자들의 학문적 성취를 바라는 마음을 담았다. 제자들이 강론하는 동편 마루는 '시습재時習齋', 제자들이 휴식을 취하는 서편 마루는 '관란헌觀瀾軒', 제자들이 잠을 자던 방은 '지숙료止宿寮'라고 이름 지었다. 이 건물들의 명칭은 모두 유래가 있었다. '시습재'는 『논어』의 "배우고 때때로 익히니 진실로 기쁘지 않겠는가?"라는 문장에서 가져왔으며, '관란헌'은 『맹자』의 "물을 관찰하는 데도 방법이 있으니 반드시 물결이 이는 이치를 살펴봐야 한다"라는 구절에서 따왔다. 마지막으로

'머물러 자는 집'이란 뜻의 '지숙료'는 주희가 지은 「무이정사잡영武夷精舍雜詠」의 네 번째 시 제목에서 빌려 왔다. 이처럼 도산서당의 기숙사에도 퇴계가 흠모했던 유학, 특히 주자학의 이념과 가치가 깃들어 있다.

주목할 점은 이황이 농운정사를 서쪽 정원을 마주 보도록 배치하라고 지시한 대목이다. 이는 제자들이 학습하는 틈틈이 자연과 벗하도록 하기 위함이었다. 그렇다고 제자들이 한가롭게 경치를 구경하라는 것이 아니라, 자연을 마주하며 정신을 맑게 하고 자신의 마음가짐을 되돌아보게 하려는 의도였다. 그는 자연의 모습에서 수양의 방도를 깨우치기를 바랐다.

이러한 교육 이념을 바탕으로 이황은 서당 주변 경관을 조성했다. 그는 서당 동쪽 한편에 네모난 작은 못을 파서 연꽃을 심고 '맑은 벗이 있는 연못'이란 뜻의 '정우당淨友堂'이라 이름 붙였다. 또 그 동쪽에 '몽천蒙泉'이란 샘을 파고, 제자들을 가르친 암서헌과 마주 보게 평평한 단을 쌓아 매화, 대나무, 소나무, 국화를 심고 '절우사節友社'라 명명했다. 정우당은 앞서 본 김종직의 경렴당과 마찬가지로 주돈이의 연꽃 사랑을 계승한 것이었다. 이황은 제자들이 연꽃을 보며 세속에 물들지 않고 절개를 지키는 선비가 되기를 희망했다. 또 암서헌에서 바라보이는 '절개 있는 벗들의 모임'인 절우사를 보면서, 매화, 대나무, 소나무, 국화처럼 굳은 지조와 맑은 기품을 갖춘 인물이 되라고 당부했다.

특히 '몽천'이란 샘은 도산서당이 지향하는 바를 분명히 보여 준다. '몽천'은 『주역』의 「몽괘蒙卦」에서 따온 단어로, 몽괘는 '산 아래 샘물이 솟는 모습'을 나타내며 '어린 학도를 바르게 기르는 것은 성인의 공功'이라 설명한다. 산 아래 샘물은 미약하지만, 그 흐름이 멈추지 않는다면 결국 거대한 바다에 이르게 된다. 수양과 공부의 길도 이와 같을 것이다. 제자들이 꾸준히 정진한다면 성현聖賢의 경지에 도달할 수 있으리라고 이황은 굳게 믿었다. 이러한 점에서 도산서당은 '성인이 되는 길을 배우고 실천하는 도학道學을 중심에 둔 서당', 이른바 '도학서당'의 전범이었다고 할 수 있다.

도산서당의 교육정신은 이황의 제자들에게도 면면히 이어졌다. 그중 권호문權好文(1532-1587)의 경광서당鏡光書堂이 대표적이다. 권호문은 15세에 외종조부인 이황 문하에 들어가 스승이 타계할 때까지 곁에서 가르침을 받았다. 그는 소과에 급제했으나 과거를 포기하고 귀향해 학문 탐구와 제자 양성에 전념했다. "아이들을 가르치는 것은 곧 자신을 깨우치는 일"이라며 교육과 수양을 하나로 여겼다. 그에게 배우려는 이들이 몰려들자, 그는 38세에 지역 선비들과 함께 기금을 모아 경광서당을 건립하게 되었다. 그는 서당 이름 '경광'을 주희의 "고요한 물에는 물결이 일지 않고 밝은 거울에는 티끌이 없다"라는 말에서 취했다고 설명했다.

> 지금 이 서당을 경광鏡光이라 명명한 것은 배우는 이들로 하여금 잔잔한 물과 맑은 거울의 밝음을 취하여 마음의 본체를 밝히게 하고자 함이다. 이 서당에 머물며 학문을 논하는 자가 어찌 그 이름을 되새기며 뜻을 되새기지 않을 수 있으랴. … 사람의 본성은 본래 선하나 물욕物欲에 가려지지 않는 이가 드물다. 진실로 과거의 때를 벗겨내어 처음의 선한 상태 바탕으로 돌아가면, 이는 마치 물이 다시 맑아지고 거울이 다시 밝아지는 것과 같으리라.
>
> – 『송암집松巖集』

이처럼 경광서당은 사사로운 욕망을 제거하고 본연의 순수한 마음을 회복하는 도학적 수양을 지향했다. 권호문은 학문의 목적이 이익이나 출세가 아니라 이치를 궁구하고 마음을 닦아 성현의 반열에 나아가는 데 있다고 강조했다. 그에게 수기修己란 자신만의 결백을 추구하는 일이 아니었다. 거울을 닦으면 그 밝음이 사방을 비추듯, 마음을 갈고 닦으면 그 맑은 빛으로 유학儒學의 도를 널리 펼쳐 사회를 밝힐 수 있다고 여겼다. 자기 수양이 곧 사회 교화로 이어지는 것이다. 이는 다름 아닌 도산 서당이 구현하고자 한 '도학'의 이상이었다.

양란 이후 서당의 확산

임진왜란(1592-1597)과 병자호란(1636-1637)은 조선 사회를 붕괴 직전의 위기로 몰아넣었다. 인구 급감, 국토 황폐화, 기존 윤리관 파괴, 신분질서 와해 등 전방위적인 문제가 발생했다. 개국 이래 내세웠던 '농업 진흥農桑'과 '교육 진흥興學'의 기조도 뿌리부터 재정립해야 했다. 이에 조선 사회는 농지 개간과 농법 개선으로 농업 경제를 안정시키는 한편, 교육시설 재건과 교육체제 정비를 통해 '학교 진흥'을 도모하고자 했다. 당시 교육 실정은 이렇게 기록되어 있다.

전란의 피해로 유학의 도가 무너져, 문묘聖廟가 불타버렸어도 고치지 않고, 제기祭器가 없어졌어도 보충하려는 이가 없었다. 그러니 아이의 교육법이 어긋나는 것은 물론이고 즐겨 교육하는 자가 있다는 말도 들어볼 수 없었다. 선비들의 풍속이 날로 경박해지고 민풍民風

도 해이해져 나태에 빠졌건만, 학교 진흥으로 유학을
밝히는 것을 자임하는 이가 전무했다.

- 『선조실록』 권122, 선조 33년 2월 10일

　교육의 진흥은 문란한 풍속을 바로잡아 사회를 안정시키는
근간이었다. 하지만 양란 후 복구사업과 북벌정책 추진에 따
른 재정 악화로 교육의 진흥에 힘쓸 여력이 없었다. 이에 조정
은 재정적·운영적 부담이 큰 향교나 서원 대신 서당에 주목하
게 된다. 당시 향교와 서원은 교육기관으로서 기능이 크게 퇴색
한 상태였다. 향교 교생이 되면 병역이 면제되어 무식한 양민들
까지 몰려들었고, 양반 자제들은 오히려 향교에서 공부하기를
기피했다. 향교는 문묘 제향 외에는 사실상 병역 기피 수단으로
전락해 버렸다. 서원 역시 인재 양성보다는 선현 제향에 치우치
며 당파적 성격을 띠게 되었다.

　이러한 상황에서 중앙정부는 향촌사회를 통제할 새로운 교
육기관으로 서당의 가치를 재인식하고 적극적으로 활용코자
했다. 특히 효종 때 성균관 좨주였던 송준길宋浚吉(1606-1672)은
「향학사목鄕學事目」을 제정해 관에서 서당 설립과 운영을 적극
지원할 것을 독려했다. 구체적으로는 관에서 각 향촌의 서당 설
립을 재정적으로 뒷받침하고, 수령이 수시로 서당을 방문해 살

피고 학생들을 시험할 것 등을 요청했다.

서당은 중앙정부뿐 아니라 향촌 사족들에게도 긴요한 기관이었다. 양란으로 신분제가 동요하고 경제적 기반이 흔들리면서 향촌 내 사족의 지배력이 약화일로에 있었다. 이들은 자신들의 향촌 지배력을 확보하고 유지할 거점이 필요했는데, 서당이 바로 그 역할을 했다. 사족들은 서당을 매개로 삼강오륜에 입각한 예교禮敎를 향촌사회에 보급하고자 했다. 그들이 강조한 것은 신분과 지위에 따른 존비尊卑 구별이었다. 당시 안동 일직현에 타양서당沱陽書堂을 세워 운영하며 이보李簠(1629-1710)가 쓴 「명분설名分說」이 이를 잘 보여 준다.

선현께서 말씀하시길, 사士와 서인庶人의 명분이 안정되지 못한 것이 진실로 나라의 큰 근심거리라 하셨으니 지당한 말씀이다. 대개 명분이 바로 서지 않으면 백성들이 안정되지 못하며, … 천한 자가 존귀한 자를 범하고, 아이가 어른을 업신여겨 상하의 구별이 없어진다. 상하의 구별이 없으면 예법이 행해지지 않고, 예법이 행해지지 않으면 나라가 그 폐해를 입으니 어찌 큰 걱정거리가 아니겠는가?

－『경옥유집景玉遺集』

여기서 이보가 말하는 '명분'이란 유교 윤리에서 규정하는 각자의 신분과 지위에 따른 역할과 도리를 뜻한다. 양반과 상민, 어른과 아이 등 상하 구별이 엄격히 지켜져야 사회질서가 바로 선다는 것이다. 이러한 신분 질서와 윤리 규범이 바로 사족들이 서당을 통해 확립하고자 한 '명분'의 핵심 내용이었다.

이처럼 향촌 사족들은 양란 후 혼란을 명분 붕괴로 인식하고, 서당을 통해 예교로 혼란을 수습하려 했다. 향촌 사족들은 공동으로 서당을 세우고 운영하려 했지만 대개 빈약한 재정형편상 관의 지원이 필요했다. 한편 중앙정부로선 서당을 통한 향촌 장악이 시급한 과제였기에 재정 지원을 아끼지 않았다. 이와 같이 중앙과 향촌 사족의 이해관계가 맞물리면서 17세기 서당은 전국 각지에서 급속히 확산되었다.

『소학』 교육기관으로서의 서당

학파의 형성과 서당

17세기 서당은 퇴계학파와 율곡학파 등을 형성하고 확산시키는 구심점이었다. 서당은 조선 성리학의 거두인 퇴계 이황과

율곡 이이李珥(1536-1584)의 학설들이 그들의 제자들에 의해 전파
되고 재해석되는 주요 거점이었다. 이들 중 상당수가 서당 운영
에 직접 관여하였으며, 이 과정에서 서당의 개념, 학규學規, 교재
등을 체계화하였다. 퇴계학파와 율곡학파의 인물들은 서당을
철저히 '강학講學을 위한 장소'로서 개념화하였고, 이러한 노력
은 이후 서당 교육의 전범이 되었다.

　　율곡학파의 적통자이자 예학禮學의 거두인 김장생金長生

(1548-1631)의 사례는 이러한 경향을 잘 보여 준다. 그는 서원과 서당을 명확하게 구별할 것을 주장하며, 서원을 제향祭享과 의례儀禮의 공간으로, 서당을 철저히 강학講學을 위한 공간으로 규정하였다. 또한 김장생은 자신이 머물며 자제들을 교육했던 연산서당連山書堂을 『소학』의 예법을 학습하고 직접 실천하는 현장으로 활용하였다. 그에게 서당은 바로 『소학』을 강학하는 도량이었던 셈이다.

또한 퇴계학파와 율곡학파의 학자들은 서당 교육을 체계화하기 위해 학규를 제정하였다. 학규는 서당 구성원들이 지켜야 할 규범으로, 서당 교육의 목표와 성격을 잘 보여 준다. 이들은 이황의 「이산서원원규伊山書院院規」(1559), 이이의 「은병정사학규隱屏精舍學規」(1578) 등 선학들의 학규를 바탕으로 하되, 자신들의 교육 이념과 경험을 반영하여 새로운 학규를 만들어 냈다. 예를 들어, 율곡학파의 박세채가 제정한 「남계서당학규南溪書堂學規」는 이이의 「은병정사학규」를 계승한 것이었다. 또 그의 제자 김간金幹(1646-1732)이 지은 「동몽학규童蒙學規」 역시 「은병정사학규」와 「남계서당학규」를 토대로 하였다. 이들이 제작한 학규는 성리학적 지식 교육과 더불어 유교적 규범을 생활화하려는 교육적 이상을 담고 있었다.

김간의 「동몽학규」는 서당 학생들의 일상과 공부에 관한 구체적인 규범을 상세하게 제시했는데, 그 가운데 서당에서 반드시 지킬 것을 요구한 규정은 다음과 같다.

○ 매일 아침 일찍 일어나 반드시 옷과 상투를 단정히 하고 세면을 한다.

○ 책을 읽을 때는 너무 급히 읽어 파손되거나 더러워 지지 않도록 한다. 책을 집어 던지거나 끌고 다녀서 파손되거나 상하지 않도록 하고, 읽은 후에는 반드 시 접어서 가지런하게 한 후 일어난다, 절대로 비스 듬히 두거나 흩뜨려 놓으면 안 된다.

○ 밤에 반드시 등을 밝혀 독서를 한다. 만약 정신이 피 곤하거나 눈이 침침하면 마당을 산보하거나 얼굴을 씻어 마음을 편안히 하고 눈을 맑게 한 후 다시 독서 를 하고, 밤이 깊은 후 잠들도록 한다. 백 번이고 천 번이고 읽어 반드시 처음부터 끝까지 온전히 익숙 해지게 하여 글 뜻이 통하도록 한다.

○ **책을 읽을 때는 고인들의 부모 사랑과 윗사람 공경, 스승 존경, 친구들과 사이좋게 지내는 도리를 저절 로 깨달아 몸에 배도록 한다.** 그리고 더욱 힘써 어린 마음을 버리고 옛 버릇을 고치도록 한다.

○ 서로 욕을 하거나 속이는 일, 시끄럽게 떠드는 일, 다투는 일, 경박하게 들락거리거나 움직이는 일, 비스듬히 기대앉거나 두 다리를 앞으로 뻗고 앉는 일 등은 절대로 하지 않는다.

○ 서당의 동류 중 학문적 재능이 뛰어난 사람에게는 반드시 질문하고, 덕행이 높은 사람은 반드시 본받는다.

○ 연장자가 출입할 때는 반드시 일어나 공경하고, 부르면 즉시 대답하고 달려간다.

○ 서당의 마당을 더럽히지 않으며, 매일 아침 반드시 청소한다.

－『후재집厚齋集』

이처럼 「동몽학규」의 규정은 서당 교육이 단순한 지식 전달에 그치지 않고 일상의 행실 규범화를 통해 학문과 인격 수양을 겸비한 인재를 길러내는 데 주안점을 두었음을 분명히 보여 준다. 학생들의 몸가짐과 태도, 대인 관계에서의 예의범절 등을 세세히 규정한 것은 유교의 이상적 인간상의, 즉 군자君子의 구현을 교육의 근본 목표로 삼았기 때문일 것이다. 이러한 규정들이 일상생활에서의 구체적 예절을 다룬 『소학』의 가르침과 정확히 일치한다는 점은 주목할 만하다. 예를 들어, 『소학』이 강조하는 '자신의 주변을 깨끗이 하고 어른의 부름에 잘 응하며 상대방에게 나아가고 물러날 때의 예절' 이른바 '쇄소응대진퇴지절灑掃應待進退之節'이, 「동몽학규」에서 반드시 지켜야 할 규정으로 제시된 것이다. 이는 '인륜人倫에 근거한 일상 행동예절의 확립', 즉 『소학』의 이념을 구현하는 장으로 기능했음을 방증하는 대목이다.

흥미로운 것은 「동몽학규」에서 독서의 의미마저도 『소학』적 관점에서 재해석하고 있다는 사실이다. 위의 '독서할 때에 부모 사랑과 윗사람 공경, 스승 존경, 친구들과 사이좋게 지내는 도리를 저절로 깨달아 몸에 배도록 한다'라는 규정은, '부자유친父子有親, 장유유서長幼有序, 붕우유신朋友有信의 원리를 독서 과정에 내면화시킨다는 것'이다. 다시 말해, 독서의 목적을 저 고원한 형이상학적 원리와 이치의 습득이 아니라, 일상에서의 실천 윤리 체득에 둔 것은 '앎과 삶의 병행'을 강조하는 성리학의 전통과도 맞닿아 있다. 이처럼 서당에서의 독서는 단순한 지식 축적을 넘어 삶의 자세를 가다듬고 인격을 연마하는 종합적 수양 과정으로 여겨졌다.

이상과 같이 「동몽학규」에 담긴 서당 교육의 이념과 방법은 철저히 『소학』에 기반하고 있다. 일상 언행의 엄격한 규범화는

『소학』적 윤리의 실천과 내면화라는 교육적 이상을 담보하기 위한 장치였던 셈이다. 17세기 서당은『소학』의 가르침을 교육 현장에 구현함으로써, 성리학적 인간형을 기르고자 했다.

『소학』교육의 체계화와 교재

퇴계학파와 율곡학파의 인물들은 서당 교재 발간과 확산에도 중요한 역할을 했다. 이 역시『소학』과 밀접한 관련이 있다. 사실『소학』은 유학 입문을 위한 가장 핵심적인 교재였음에도 그 이름과 달리 아동들이 배우기에 결코 쉬운 책이 아니었다. 일반적으로 서당의 가장 기초 학습서가『소학』이라고 생각하지만 역사적 실상은 그렇지 않았다.『소학』은 교양 있는 사대부가 되기 위해 갖춰야 할 자질과 태도를 망라할 뿐 아니라 주자학의 이념과 원리까지 담고 있어 대단히 난해한 책이었다. 그래서 서당에서는『소학』에 앞서 배워야 할 교재가 필요했고, 박세무朴世茂(1487-1564)의『동몽선습童蒙先習』(1543)이 대표적이다.

이 책은 체제면에서 인륜에서 시작해 역사로 마무리되는 경사經史 형식을 취했다. 전반부 경부經部에서는 오륜五倫의 본질, 각 관계에서 취할 태도, 모범 사례 등을 제시했는데, 이는『소학』의 내용을 상당 부분 발췌해 정리한 것이었다.『소학』의 어

려운 문장은 제외하고 이해하기 쉬운 문장을 활용해 아동들에게 『소학』의 이념과 가치를 습득시키려 한 것이다. 후반부 사부 史部에서는 중국사뿐 아니라 단군에서 조선에 이르는 우리 역사를 체계적으로 서술했다. 그 서술이 우리나라가 중국의 예악과 문물에 뒤지지 않는다는 점을 부각시켜 역사적 자부심을 고취했다. 그 때문에 일제강점기에 『동몽선습』은 '안녕과 질서를 해친다'라는 이유로 서당 교재 사용이 금지되기도 했다. 이에 서당에서는 어쩔 수 없이 역사 부분을 삭제한 판본을 만들어 활용할 수밖에 없었다. 17세기로 돌아가 보면 『동몽선습』은 왕세자

교재로까지 건의될 정도로 사림들의 전폭적 지지를 받았다. 이에 서당 확산과 더불어 널리 보급되어 『천자문』과 함께 가장 많이 쓰이는 교재가 되었다.

당시 서당 교재로 『동몽선습』 외에 퇴계학파 정경세鄭經世(1563-1633)의 『양정편養正篇』(1604)도 주목할 만하다. 정경세는 이 책을 저술한 이유를 "자신의 아들이 8세에 학문에 입문해 『소학』을 가르치려 했으나 너무 어려워, 유명 학자들이 지은 『향교집례鄕校禮輯』의 「동자례童子禮」를 우리 실정에 맞게 고쳐 쉬운 아동 교재로 간행했다"라고 밝혔다. 흥미롭게도 이 책은 원문에 토를 달고 언해한 내용을 함께 실어 접근성을 높였다. 그리고 아동이 일상에서 지켜야 할 생활규범을 '심신 수양을 위한 예법', '웃어른과의 관계에서의 예법', '서당에서 공부하는 예법' 등 세 범주로 나누고, 이를 다시 총 28개 조목으로 제시했다.

이 중 '서당에서 공부하는 예법'으로 제시된 5개 조목은 당시 서당 교육의 실제 모습을 짐작게 한다는 점에서 자세히 살펴볼 필요가 있다.

○ **스승에게 수업을 받는 법**: 스승에게 수업받을 때는 반드시 연장자에게 앞자리를 양보하며, 나이순으로 앞으로 나아간다. 수업 후에는 인사하고 물러난다.

수업 내용 중 잘 모르는 것이 있으면 마땅히 먼저 연장자에게 물어보아야지, 함부로 스승에게 묻지 말아야 한다. 정 물어야 할 일이 있으면 옷매무새를 바로 하고 용모를 단정히 한 뒤 자리에서 일어나 "제가 아무 일에 대해 분명하지 않고 아무 책, 아무 구절을 모르겠으니 감히 여쭙고자 합니다"라고 여쭈어야 한다. 선생님께서 대답하실 때는 귀담아듣고, 답변이 끝나면 제자리로 돌아가 앉는다.

○ **여럿이 모여 인사할 때의 예법**: 매일 이른 아침에 숙직 중 한 사람이 판을 치면 모두 일어나 세수하고 머리를 빗고 의관을 단정히 한다. 두 번째 판소리가 나면 당 위에 올라가 순서대로 서서 사장師長이 나와 자리에 앉을 때까지 기다린 후 절한다. 그런 다음 둘로 갈라 서서 서로 읍揖하고 물러난다. 밤에 잠자리에 들 때에는 판을 치면 아침처럼 모여 인사한다. 회강會講이나 회식會食 때도 모두 판을 친다. 초하루와 보름에는 사장이 자리에 서면 모두 두 번 절한다.

○ **거처하는 법**: 단정히 바른 자세로 앉아야 하며, 서책이나 붓, 벼루 등 물품도 일정한 곳에 잘 정리해 두었다가 필요할 때 조용히 가져오고, 어지럽히면 안

된다. 읽기나 쓰기를 마치고 나면 제자리에 되돌려 놓되 섞이지 않게 해야 한다.

○ **글 읽는 법**: 몸가짐을 바르게 하고 마음을 가라앉힌 뒤 글자를 보고 끊어 읽되, 천천히 읽으며 뜻을 음미하여 한 글자 한 글자 분명히 해석하는 데 힘써야지, 눈으로 딴 데 쳐다보거나 손으로 다른 물건을 만지지 말아야 한다. 그러면서 반드시 충분히 읽고 뜻이 환해질 때까지 해야 한다. 또 날마다 배운 것을 정리하고 복습하며, 열흘마다 통독하여 평생 잊지 않도록 해야 한다.

○ **글씨 쓰는 법**: 정신을 집중하여 붓을 잡고 되도록 자획을 엄정하게 쓰며, 경솔하거나 엉성하게 써서 글자가 삐뚤어지거나 빠지지 않게 해야 한다. 먹을 갈고 붓을 놓을 때는 소리가 나거나 먹이 튀지 않도록 주의해야 한다. 또 벼루나 책상 위에 함부로 끄적이는 것은 매우 추한 짓이니 절대 삼갈 것이다.

－『우복집愚伏集』

이처럼 정경세는 서당에서의 행동 하나하나에 까다로운 예법이 있음을 강조했다. 특히, 스승에 대한 권위는 대단히 높아서, 배우는 이는 그의 가르침에 따르고 복종해야 한다고 기술했다. 그는 서당에서의 공부하는 예법뿐만 아니라 자기 관리와 대인 관계에서도 엄격한 예법이 필요하다고 보았다. 아동은 이러한 예법을 실천해야 한다고 여겼다. 그것은 "주자가 『소학』에서 반드시 청소와 접객의 예절을 우선 가르쳤고, 정자程子는 이것이야말로 천덕天德에 통할 수 있다고 말씀하셨기 때문"이었다. 정경세는 일상 예법의 습득과 실천이 천덕, 즉 우주적 원리와 통하는 길이라고 믿었다. 그는 '하학이상달下學而上達', 즉 '일상의 도리를 배운 후 높은 깨달음으로 나아가야 한다'라는 성리학 이념을 토대로, 아동 교육을 하학下學인 '일상의 배움 단계'로 파악했다.

지금까지 본 바와 같이, 17세기 사림들은 서당 운영에 적극적으로 나서며 서당의 개념, 학규, 교재 등을 체계화하는 데 공을 들였다. 이 과정에서 『소학』이 핵심 역할을 했다. 서당은 '『소학』을 기반으로 아동이 지켜야 할 행동 규범을 가르치고 익히게 하는 교육기관'으로 확고히 자리 잡았다. 따라서 서당은 지식 전달에 그치지 않고 학생들의 인격 함양과 사회의 도덕적 표준 정립이라는 중차대한 소임을 맡았다. 이를 통해 서당은 지역사회의 지성과 도덕성의 구심점으로 기능하며 학문과 덕행을 겸비한 인재를 배출하는 중심이 되었다. 이러한 서당의 성격

규정은 17세기의 서당 확산과 맞물리면서 널리 공유되었고, 이후에도 지속해서 이어져 내려갔다.

종학당: 17세기 문중 서당

부계 중심의 종법질서와 종학당의 출현

양란 이후의 17세기는 가족 및 친족제도에 커다란 변화가 일어났다. 16세기까지 향촌 사회의 친족제도는 부계父系를 중심으로 모계母系까지 포함하는 구조였으나, 17세기에 이르면 온전히 부계를 중심으로 하는 문중 조직이 형성되기 시작했다. 사림파의 성장에 따라 성리학적인 윤리관이 보편화되면서 부계 중심의 종법적인 가족질서가 확대된 것이었다. 특히 양란 이후 사족들은 혼란스러운 사회를 안정시키기 위한 방책이 부계 중심의 종법적 질서를 강조하는 성리학의 예법, 즉 『주자가례朱子家禮』의 실천에 있다고 보았다. 『주자가례』는 가족 내 위계질서, 제사 등 일상 의례, 씨족 간 결속 등에 관한 구체적 규범을 담고 있어, 당시 사족들이 지향한 질서 있는 공동체상을 제시했다. 이에 사족들은 『주자가례』의 확산에 힘썼고, 그 결과 17세기 중

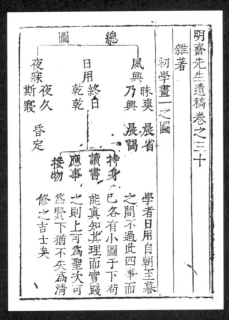

그림 10 『명재선생유고』 중 〈초학획일지도〉, 국립중앙도서관 소장

엽에 이르면 부계 친족 중심의 문중 조직과 동족 마을이 형성되기 시작한다. 이러한 향촌 사회의 변화는 서당에도 영향을 끼쳐 문중이 서당 운영의 주체로 등장하기도 한다.

이러한 변화를 잘 보여 주는 서당이 바로 종학당宗學堂이다. 이 문중서당은 파평 윤씨 가문이 조선 명문가로 발돋움하는 데 크게 기여했다. 16세기 중반 논산의 노성에 정착한 지 불과 100여 년 만에 명문가로 두각을 나타낼 수 있었던 것은 무엇보다도 종학당을 통한 문중교육의 덕분이었다. 종학당은 대과 급

66

제자 41명, 소과 합격자 67명을 배출할 정도로 상당한 교육 성과를 거두었다.

윤순거尹舜擧(1596-1668)는 1643년 문중 자제들의 교육과 친족 간 결속을 다지기 위해 종학당을 설립했다. 그는 조상에 대한 공경과 친족 간의 우애야말로 인간이 마땅히 걸어가야 할 바른 길이며, 이를 잃으면 사회 혼란이 초래될 것이라고 믿었다. 그의 눈에 부계 중심의 동족 마을은 안정되고 이상적인 공동체, 즉 『주자가례』가 그리는 공동체상과 다르지 않았다. 이에 윤순거는 '조상에 대한 제사'를 종족의 연대감을 확인하는 으뜸가는 의례儀禮로, '문중의 자제 교육'을 가장 값진 투자로 여겼다. 공부를 통해 성현의 학문을 체득하고, 공동생활 속에서 가족애를 배우며, 이를 바탕으로 문중의 번영과 결속에 이바지하는 것. 이것이 윤순거가 구현하고자 한 교육의 이상향이었다 이에 따라, 그는 조상의 묘를 수호하는 묘막廟幕 병사丙舍에 종학宗學을 열고, 묘소 옆 암자 정수암淨水庵에는 백록당白鹿堂을 세워 서당 교육의 공간을 마련했다. 종학당 초대 당장堂長을 맡은 윤순거는 문중의 규약인 종약宗約을 제정하고, 책과 필묵을 구입하며 장학금과 운영비를 확보하는 등 교육 사업의 토대를 닦아 나갔다. 윤순거는 종학당 설립에 대한 포부를 이렇게 밝혔다.

자라나는 아이들을 가르치고 배우는 일이 한 번 잘못
되면 어릴 때 교양이 바르지 못하여 어리석고 어둡게
되니 이는 매우 두려운 일이다. 이에 호안정胡安正(993-
1059)의 종제법宗齋法에 의거하여, 약 10세 이상의 자제
를 모두 한 집에 모아 스승을 세우고 학업과 예절을 닦
게 하여 인재를 길러 내고자 한다.

－『동토집東土集』

　　윤순거는 송대 유학자 호안정의 종제법에 기대어 종학당을
설계했다. 종제법은 문중의 자제들을 한데 모아 공동으로 교육
하되, 학식과 덕망을 겸비한 어른이 교육을 주관토록 했던 방식
이다. 이에 따라 윤순거는 문중과 내외척, 처가에 이르기까지
10세 이상의 아이들을 모두 불러 모았다. 이들을 가르치는 스
승은 문중 내 학식 높은 이들이, 학생을 통솔하는 어른은 글의
이치에 밝은 자제들이 맡았다. 책과 문방구 구입, 스승의 보수,
우수한 자제를 위한 장학금 지급과 각종 의식 등 교육에 필요한
제반 경비 역시 문중이 떠안았다.

　　서책은 『사서四書』와 『오경五經』, 『근사록近思錄』, 『심경心
經』, 『주자가례朱子家禮』, 『소학小學』 등과 두루 배우는 데

빠트릴 수 없는 책들을 모두 문중에서 비축한 곡식인 의곡義穀과 묘 아래에 있는 밭에서 들어오는 수입으로 비치한다. 그리고 서책에 '파평윤씨 종학당의 장서'라는 의미의 '파윤종병사장坡尹宗丙舍藏'이라는 도장을 찍고 유사有司가 주관하여 여름과 가을에 볕에 쪼여 말리고, 비록 자제라 할지라도 밖으로 가지고 나가는 것을 허락하지 않으며, 종학당 안에서만 읽고 잃어버리지 않도록 한다. 보수는 스승은 매월 쌀 9말, 장長은 한 달에 쌀 7말이며, 수학하는 자제는 매월 쌀 6말이다. 소금과 간장과 채소를 구비하고, 음식을 만드는 한 사람을 뽑아 의식衣食의 비용을 잘 헤아려 지급하도록 한다. 이 모두를 문중에서 비축한 곡식에서 취하여 사용하고 유사가 주관한다.

- 『동토집東土集』

이처럼 윤순거는 종학당에 유학 입문에 필수적인 경전들을 비치하여 문중 자제들의 학업을 뒷받침했다. 또 각각의 책마다 '파평 윤씨 종학당의 장서'를 뜻하는 '파윤종병사장坡尹宗丙舍藏'이라는 장서인을 날인하고, 책을 잘 관리하도록 했다. 학생은 물론 자제라도 서책을 밖으로 가져갈 수 없게 하고 종학당 내에서만 열람토록 한 것은 소중한 장서를 공동의 자산으로 여겼기 때문이다. 이는 종학당이 문중 교육의 산실이자 지적 교류의 플랫폼으로서 기능했음을 말해 준다.

종학당 구성원들에 대한 처우 또한 눈에 띈다. 스승에게는 한 달에 쌀 9말, 학생을 통솔하는 '장長'에게는 7말, 학생들에게는 1인당 6말을 지급했다. 여기에 반찬과 의복까지 제공하여 학업에 전념할 수 있는 환경을 조성했다. 이 모든 비용은 문중의 의곡에서 마련했는데, 이는 종학당이 문중 공동체의 기반 위에 운영되었음을 의미한다. 윤순거는 교육이 성공하기 위해서는 지속 가능한 재정 기반이 필수적이라는 인식 하에 문중의 자원을 아끼지 않고 투자했던 것이다. 그의 노력으로 종학당은 문중의 인재를 배출하는 요람으로 자리매김할 수 있었다.

종학당의 교육철학과 운영방식

윤순거는 다양한 교육적 지원을 제공했을 뿐만 아니라, 종학당의 교육과정과 운영을 체계적으로 규정하고 관리하였다. 10세 이상의 학생은 종학당에 기숙하며 지정 서적을 매일 학습해야 했고, 30세 이상은 월별 과제를 부여받아 종학당 밖에서 공부하도록 하였다. 그러나 30세 이상도 매일 지정 서적을 학습하고자 한다면 종학당에서의 기숙이 허용되었다. 독서는『소학』에서 시작해『사서오경』등 유학의 기본서를 거쳐『근사록』,『주자가례』등 성리학 고급 서적으로 단계적으로 나아갔다. 이러한 독서 순서는 율곡 이이와 서인西人의 영수 성혼成渾(1535-1598)의 교육법을 좇은 것으로, 종학당이 서인계 학맥을 잇는 교육기관임을 보여 준다.

윤순거는 학습 방식과 평가방식도 엄격하게 규정했다. 매일 지정된 주교재를 100번 암송하고, 부교재를 30-40번 암송하며, 역사서는 반복해서 날마다 읽도록 하였다. 이후 등을 돌리고 암송하는 배송背誦을 통해 평가받도록 하였다. 한 권을 다 외운 뒤에도 숙독과 이해의 과정을 거쳐야 비로소 다음 책으로 나아가도록 하였다. 매월 초하루나 보름에는 월강月講을 통해 평가가 이루어졌는데, 학업에 태만한 이에겐 일정한 벌칙이 따랐다. 월강 후에는 문중회의를 열어 문중의 주요 현안을 토의하였다. 이는 종학당이 파평 윤씨 문중을 위한 교육기관임을 분명히 한다. 매일 스승의 인솔하에 선조 묘소에 배알하는 의식 또한 종학당의 문중 중심성을 잘 보여 준다.

윤순거의 동생 윤선거尹宣擧(1610-1669)는 '우리 종형제 8명이 선비로서 깨끗한 의리와 높은 학문으로 고고한 인품을 가질 수 있었던 것은 오로지 윤순거 형님의 가르침이 있었기 때문'이라고 평했다. 이는 종학당이 문중에 지적·정신적 토대를 제공했음을 방증한다. 한편 윤선거의 아들 윤증尹拯(1629-1714)이 2대 종학당 당장이 되면서부터는 보다 정례적인 강학이 이루어지는 등 종학당 교육이 내실을 기하게 된다.

2대 당장인 윤증의 교육철학은 종학당의 정문에 걸어 둔 「초학획일지도初學畫一之圖」와 「위학지방도爲學之方圖」에 구체적으로 나타난다. 「초학획일지도」는 공부를 시작하는 학생들을 위한 일상생활 지침을, 「위학지방도」는 학문 수행 방법을 도식화한 것이다.

맨 앞의 '총도總圖'는 하루 생활계획표로, '일찍 일어나기', '일상생활', '늦게 잠자리 들기'의 3개 항목으로 이루어져 있다. 여기서 '일상생활' 부분을 '몸가짐', '독서', '일처리', '대인관계'의 4개 범주로 나누고, 이를 또 세분화한다. 몸가짐에는 행동 수칙 14조목으로, 독서에는 목적·순서·방식 등으로, 일처리에는 시비是非와 의리義利의 구분으로, 대인관계에는 '화목과 공경', '자신이 원하지 않는 것을 남에게 시키지 말 것' 등의 원칙으로 제시하였다.

윤증은 「초학획일지도」를 통해 학문이란 특별한 것이 아니라 일상생활 속에서 합당함을 실천하는 것임을 강조하였다. 이를 완수하면 성인의 경지에 이를 수 있다고 여겼다.

배우는 자의 하루에 할 일은 아침부터 저녁까지 '몸가짐', '독서', '일처리', '대인관계'라는 이 4가지 일로 구성되며, 이를 소홀히 하지 말 것이고, 몸소 각자가 「초학지도」 아래에서 진실로 그 이치를 진실로 깨닫고 실천해야 한다. 이를 완벽히 성취하면 성인聖人의 경지에 이를 것이며, 그다음으로는 현인賢人의 경지에, 그다음이라도 말할 나위 없이 훌륭한 선비가 될 것이다.

— 『명재유고明齋遺稿』

이처럼 윤증은 일상생활의 항목을 세분화하여, 공부란 책을 읽는 행위에 국한되지 않고, 일상의 작은 행동 하나하나에서 체현되어야 함을 강조하고 있다. 그리고 '몸가짐', '독서', '일처리', '대인관계'의 구체적 조목들은 공부하는 이의 자질과 덕목을 규정한 것이었다. 이는 윤증이 학문을 '일용日用의 실천'과 결부 짓고 있음을 분명하게 보여 준다.

한편 「위학지방도」에서는 학문을 '뜻을 세우는 입지立志'와 '실천에 힘쓰는 무실務實'의 두 과정으로 나누었다. 이는 학문 수행의 궁극적 지향이 실천에 있음을 재차 확인시키고 있다. 윤증은 이에 대한 구체적 방법으로 '공손한 자세로 임하는 지경持敬', '학문을 연구하는 강학講學', '지난 일을 돌이켜 반성하는 성찰省

察'의 세 가지를 제시하였다.

「초학획일지도」와 「위학지방도」를 종합해 보면, 윤증이 그리는 학문의 지형도는 '일상의 규범을 지키는 것에서 시작하여 일정한 방법과 태도로 학문을 익히고, 그것을 토대로 끝없이 자기를 성찰하는 과정'이다. 그러한 과정을 거칠 때 성현의 경지에 이를 수 있다고 본 것이었다. 윤증에게 진정한 배움이란 외적 지식의 축적이 아니라 자신의 마음을 바로잡고 인격을 닦는 일에 다름 아니었다.

종학당은 윤순거부터 이어진 문중 교육의 맥을 잇는 동시에, 파평 윤씨만의 독자성을 확립한 서당이었다. 동족 마을이 자체 역량으로 교육기관을 세우고 꾸려 나간 모범적인 사례로서, 혈연적 정체성과 학문적 지향이 조화를 이룬 독특한 서당 교육의 모델이었다. 종법 질서가 강화되던 시대적 변화 속에서, 종학당은 서당 교육의 새로운 방향을 제시하였다고 볼 수 있다.

2

18-19세기,
서당의 황금기

신분제의 동요와 서당

문중 서당의 확산

18세기 조선 사회는 전통적인 신분질서가 흔들리는 국면을 맞이하게 된다. 서인西人 세력의 장기집권 등 정치적 요인과 농업생산력 및 상품화폐경제의 발달 등과 같은 경제적 요인 등으로 인해 신분제가 동요하였다.

양반층 일부에 의해 관직 독점 현상이 나타남에 따라 관직을 얻지 못하여 향촌에 머무르는 향반鄕班이 되거나, 경제적으로 몰락하여 소작농이나 상공업에 종사하여 생계를 유지하는 잔반殘班이 되어야 했다. 반면 재산을 모은 상민층이나 노비층은 재산을 이용해 신분 상승을 꾀하기도 하였다. 이러한 결과 양반층의 급격한 증가가 가져오게 되는데, 이 양반층의 증가는 '유학幼學'의 수적 증가를 나타낸다.

유학은 양반 신분의 대표적인 직역이기에 순수 양반 자손만이 가능했으나, 18세기에 이르면 상황이 달라졌다. 18세기 초에 서얼 후손도 유학 호칭을 합법적으로 사용할 수 있게 되었다. 또 농업생산력과 상공업의 발달에 힘입어 부를 축적한 중인이나 평민도 유학 신분을 불법적으로 구입할 수 있었다. 원래 양반 신분만 할 수 있었던 유학에 서얼·중인·평민이 포함되었다.

이러한 조선 후기의 신분변동은 무엇보다 군역軍役 부담이 컸다. 사망자를 군적軍籍에 올려 놓고 강제로 세금을 거둬들이는 '백골징포白骨徵布', 납부 대상자가 사망하거나 도망함에 따라 징수할 곳이 사라진 경우 친척이 대신 내도록 하는 '족징族徵', 그 이웃에게 대신 내게 하는 '인징隣徵' 등 이루 말로 다할 수 없는 폐해들이 가득했다. 유학幼學만 되면 이 고통스러운 군역에서 벗어날 수 있었기에, 모든 방법을 다 동원해서라도 유학이 되고자 했다. 당시에는 경제력 상실로 인해 신분이 하락하는 경우도 적지 않았다. 그러나 신분 상승을 통해 유학 즉 양반이 되는 경우가 더욱 많았던 것이 사실이다. 이러한 당시 실태는 1721년 좌의정이었던 이겸명李健命이 올린 보고에 잘 드러난다.

> 지금 100리 고을이 1,000호 정도지만 군포軍布를 납부해 나라를 지키는 양민은 10분의 2-3에 지나지 않고, 양반·중인·서얼로서 한유閒游의 무리들이 10분의 8-9를 차지하고 있으니, 양민은 살을 깎아 뼈에까지 이르고 군역軍役에 지쳐 목매어 죽는 자까지 있는 지경입니다.
>
> - 『경종실록』 권4, 경종 1년 8월 4일

신분제의 요동에 대응하여 양반층은 자신의 지위를 견고하게 만들 필요가 있었다. 무엇보다도 그들은 동족 마을 즉 부계친족을 중심으로 한 집성촌集姓村을 형성하고, 화수계花樹契와 족계族契와 같은 문중조직을 결성하여 향촌 내 입지를 공고히 하고자 했다. 그 과정에서 앞서 보았던 종학당宗學堂과 같은 문중서당이 조직적이고 광범위하게 설립되었다. 향촌의 양반층은 문중서당을 통해 족내族內의 결속을 다지고 자제들에게 공부를 시켜 관리나 학자를 지속적으로 배출시키고자 하였다. 곧 서당이 '문중의 번영과 안정을 위한 보족保族'과 '가문의 품격을 높이기 위한 의가宜家'에 초점을 둔 기관으로 변모하게 된 것이었다.

서당계의 출현

18세기 중반 이후부터 관측의 경제적 지원은 차츰 약화되어 갔다. 17세기만 하더라도 관측은 서당을 주요한 향촌 교육기관으로 보고 사족과 연대하여 설립·운영하는 데 적극 지원하였지만, 이와 같은 문중 중심의 서당을 구태여 지원할 필요가 없었다. 다만 지방관의 주도하에 면 단위마다 훈장을 한 명씩 지정하는 '면훈장제面訓長制'를 두어 형식적으로 통제할 뿐, 서당의 설립·운영에 직접 관여하지 않았다. 이에 동족 마을은 자체적으로 서당을 운영할 수 있는 경제적 기반을 마련할 수밖에 없었다. 서당운영을 위한 학전學田·학름學廩 등을 마련하였을 뿐만 아니라, 동족 마을의 구성원들이 서당계를 조직하여 서당 운영 기금을 마련하였다. 실제 서당계를 운영하였던 우석간禹錫簡(1782-1838)은 당시 상황을 이렇게 기록하고 있다.

계축년(1793) 봄에 아버지와 조카가 교육을 할 자금이 없는 것을 걱정하여 일족이 다 함께 계契를 조직하여 스승을 모시는 비용과 자제를 교육하는 방도로 삼았으니 바로 이 서당계이다. … 자손된 이들은 선조들의 뜻을 저버리지 말고 성인의 교훈에 빚지지 않도록 행동을 해야 하며, 그리고 남은 힘이 있으면 학문을 닦아 부디 '소인유小人儒'가 되지 말고 '군자유君子儒'가 되길 바란다.

- 『지족헌집知足軒集』

이처럼 우석간의 단양 우씨 문중은 스승을 모시고 자제를 교육하기 위해 서당계를 조직하였다. 그들은 이 서당 교육의 첫 번째 목표를 선조들의 뜻을 저버리지 않는 것으로 제안하고 있다. 외부의 지원 없이 서당을 운영할 수 있게 됨에 따라 교육목표가 문중 가학家學의 성격을 띠게 된 것이었다. 더불어 서당이 강학의 장소일 뿐만 아니라 마을의 대소사를 처리하는 회의 장소이자 접빈객 등을 주관하는 장소로도 기능하게 되었다. 심지어 서당은 조상을 기리는 향사享祀의 공간으로 활용되기까지 하였다. 동족 마을이 서당을 독자적으로 운영하게 됨에 따라 서당의 성격이 변모하게 되었다.

서당계의 탄생은 교육의 역사에서 매우 중요한 사건이었다. 경제적으로 어려웠던 향촌의 양반과 하위 계층도 적은 자산으로 서당계라는 방식으로 서당을 설립하고 운영할 수 있었기 때문이었다. 이에 따라 보다 광범위한 계층이 서당 교육의 혜택을 받을 수 있게 되었다.

계층과 연령을 초월한 교육의 장

18세기 중반 이후부터는 양반뿐만 아니라 중인, 일반 백성, 노비까지도 서당 교육을 받는 양상이 나타났다. 농민들은 증가된 농업생산력을 바탕으로 더 넓은 땅을 경작할 수 있었고, 심지어 소작농 대신 임노동자를 고용하여 이익을 극대화하는 서민형 지주가 나타났다. 그리고 도회지의 상공업자들은 관영수공이 쇠퇴함에 따라 국가의 통제에서 벗어나 자유로운 생산과 판매 활동을 통해 부를 축적할 수 있었다. 이러한 경제적 기반을 바탕으로 그들은 서당의 운영에 직접 참여할 수 있었다. 이뿐만 아니라 지식을 팔아 생계유지를 하는 이른바 '매문자생賣文資生'하는 훈장층도 대거 나타났다. 경제적으로 몰락한 잔반들은 서민형 지주의 임노동자나 소작농이 되거나, 어디에도 정착하지 못한 채 산간 벽지와 섬 지방으로 떠돌면서 서당 훈장을 생계유지를 해야 했기 때문이었다. 그리고 중인·서얼·서리 출신의 하급관리와 평민들에 의해 이루어진 문인집단 이른바 위항문인委巷文人들이 생계를 위해 직접 서당을 운영하거나 다른 서당의 훈장으로 고용되어야 했다. 심지어 성균관 노비가 운영하는 서당이 번창하기도 했다.

이러한 복합적인 상황으로 인해 18세기 이후부터는 다양한 형태의 서당들이 등장하게 되었다. 예를 들어, 문중 마을의 유지가 서당계를 조직하여 설립한 서당, 몰락한 양반이나 중인 또는 노비가 자신의 생계를 위해 직접 설립한 서당, 마을 구성원 모두가 서당계를 조직하여 설립한 서당 등이 있었다. 이러한 다양한 운영 방식과 함께 서당의 수가 급증하였다. 정약용丁若鏞 (1762-1836)은 당시 상황을 "한 고을에 수십 개의 마을이 있는데, 대략 4-5개의 마을에는 반드시 서당이 하나 있다"라고 표현하였다. 이는 서당이 전국적으로 확산되어 거의 모든 마을에 설치되었음을 의미한다.

서당 덕분에 조선의 교육 인프라가 매우 광범위하게 확산되었고, 교육은 조선사회에서 일상화되며 지역 사회의 중요한 부분이 되었다. 서당의 전국적 확산으로 교육 접근성이 향상되어 외딴 지역의 아이들이라도 쉽게 교육을 받을 수 있게 되었다. 비록 한계는 있었지만, 교육의 기회균등이 어느 정도 실현되었다. 당시 상황을 조사해 보면, 서당은 7-40세까지 다양한 연령층을 교육대상으로 받아들였다. 마을 전체가 하나의 교육 공동체를 이루었던 것이다. 이처럼 서당은 18세기 이후로 계층과 연령을 초월하는 '모든 이의 공부방'으로 자리매김하게 되었다.

달라진 훈장의 처지

존경받던 훈장에서 생계를 위한 고용훈장으로

18세기 이후 서당의 성격이 급변하면서 훈장의 처지도 변화했다. 이전 시기의 훈장은 존경과 동경의 대상이었지만, 18세기에 들어서면서 이러한 상황은 급격히 변했다. 앞서 살펴본 도산서당의 이황, 연산서당의 김장생, 종학당의 윤증 등은 지역은 물론이고 전국적으로도 명망 높은 훈장들이었다. 비록 이들만큼은 아니더라도, 서당을 설립하고 운영한 훈장 대부분은 지역사회에서 상당한 영향력을 지닌 인물들이었다. 그들의 언행은 마을의 법과 같은 권위를 지녔으며, 후학을 길러 내는 지식인으로서의 사명을 최우선으로 여기는 교육자로 인정받았다.

그러나 18세기에 들어서면서 몰락한 양반층이나 지식을 가진 중인과 평민들은 생계를 유지하기 위해 훈장 생활을 해야 했다. 이들 훈장은 생존을 위해 지식을 팔아야만 하는 처지였다.

고용 훈장이 되어 대우가 좋은 곳을 찾아 유랑하며 아이들을 가르치며 살아가야 했고, 생계 때문에 교육자로서의 권위를 세우기 어려운 상황이었다. 성해응成海應(1760-1839)의 『사설師說』에 묘사된 당시 고용된 훈장의 처지는 이를 잘 보여 준다.

> 백 년 사이에 풍속이 날로 쇠퇴하여 스승을 제 집으로 데려와 먹여 주면서 자제를 가르치게 한다. 그 자제들은 평소 교만한 데다 스승을 먹여 준다는 권세를 믿고 스승을 대한다. 스승 또한 권위를 세울 수가 없어 꾸짖지도, 회초리를 들지도 못하며 시키는 대로 할 뿐이다. 자제들이 스승을 비하하고 그 가르침을 받으니 학업이 나아갈 수 없는 것이 당연하지만 그러면 또 스승의 능력이 없다고 책망한다. 이는 썩은 고삐를 주고서 사나운 말을 몰도록 하는 것과 같다. 이 때문에 현명한 이들은 스승이 되려 하지 않고, 스승 노릇을 하는 사람은 특별히 무언가 보수를 바라고 있는 것이다.
>
> ─『연경재전집研經齋全集』

교육자로서의 권위는 사라지고, 생계를 위해 버릇없고 건방진 학생을 참아야만 하는 상황이었다. 그래도 보수라도 받으니 조금 나은 편이라고 해야 할지 모르겠다.

대구의 한 훈장이 쓴 탄원서에는 당시 훈장의 처지가 얼마나 비참했는지가 잘 드러나 있다. 이 훈장은 원래 사족 출신으로 어릴 때 글재주가 있다는 소리를 들을 만큼 영특했으며, 장차 크게 될 것이라는 전망으로 청운의 꿈을 안고 서울로 올라가 10년 동안 과거 공부를 했건만 번번이 낙방하였다. 가산이 거덜 나서 하는 수 없이 시골로 내려와 서당에 아이들을 모아 가르쳤다. 이 훈장은 나름 최선을 다했지만 그 결과는 처참했다. 보수도 못 받고 서당에서 쫓겨난 그의 이야기를 한번 들어보자.

저는 서당에서 훈장으로 글을 가르치다가 많은 곤욕을 겪었습니다. 지금은 제자들에게 곤욕을 당하고 쫓겨나니 끈 떨어진 꼭두각시나 낮에 나타난 도깨비 같은 처지가 되었습니다. 그래서 부끄러움을 무릅쓰고 이 억울한 심정을 글로 호소합니다. …

아이들이 둔해서 이렇게 저렇게 가르치다 보니 제 공부를 할 시간이 없어 입에 가시가 돋을 지경이었습니다. 글이 어렵고 뜻이 깊어 가르치는 것이 가슴 속에 안개가 낀 것처럼 답답했습니다. 이 때문에 머리가 빠져 대머리가 되고, 머리털은 점점 더 세어갔습니다. 시력도 점점 나빠졌지만, 한시도 게으름 피우지 않고 제 도리를 다했습니다.

제가 청한 1년 수업료는 벼 1섬과 1냥에 불과했습니다. 그런데 제자들의 아버지되는 여첨지呂僉知와 김첨지金僉知가 감투를 반쯤 삐딱하게 쓰고 수염을 곤두세운 채 저에게 찾아와서는, 큰소리로 공갈을 치며 말하기를 "이 양반이 세상 물정을 모르는구만. 시절이 이렇고 시장 가격이 저러한데, 수업료禮租가 무슨 소리며 옷값衣資은 또 뭐란 말이오. 천리를 다녀온 행상行商도 빈손으로 돌아오고 1년 머슴을 살고도 빈손으로 가는 판에 생원生員의 문자文字 따위가 얼마나 대단하겠소. 갑오년의 벙거지 값이나 하겠소."라며 모욕하였습니다. 그들은 팔을 걷어붙이고 눈을 부라리며 욕을 해대는데, 마치 쥐가 얼굴 돌리듯 하고 호랑이가 등 뒤에서 쫓아오는 것 같았습니다.

ㅡ「대구훈장원정大邱訓長原情」

비록 이 탄원서의 표현이 다소 과장되었을 수 있지만, 당시 훈장의 지식이 벙거지값에 비유될 정도로 그 가치가 형편없이 추락했음을 보여 준다. 훈장은 값싼 지식을 팔아 생계를 유지하는 권위 없는 인물에 불과했다. 최선을 다해 교육을 시행한 대가는 학부모의 모욕과 폭력, 심지어 제자들에게까지 곤욕을 당했다.

당시 훈장의 보수는 1년 단위로 곡식禮租과 옷값衣資으로 지급되었다. 실력에 따라 벼 5섬에서 10섬 정도로 차등이 있었고, 옷값으로 학부모가 옷을 지어 삼절복三節服(봄·가을옷, 여름옷, 겨울옷)이나 이절복二節服(여름옷, 겨울옷)이 주었다. 이 훈장은 벼 1섬과 옷값으로 1냥을 요청했다. 벼 1섬은 약 180 리터(L), 무게로는 약 200 킬로그램(kg)에 해당하고, 도정 후에는 쌀로 약 144킬로그램(kg)이 된다. 당시 도정률이 좋지 않아 실제로는 이보다 훨씬 적었을 것이다. 이 훈장의 요구는 사실 최저임금도 되지 않는 수준이었는데, 곤욕을 당하고 쫓겨났으니 참으로 억울했을 것이다. 이처럼 18세기를 기점으로 훈장의 지위는 존경받는 교육자에서 임노동자로 급격히 추락하는 사례들이 나타나게 되었다.

고용훈장들의 애환과 도도평장

김구金九(1876-1949)의 『백범일지白凡逸志』에 나오는 훈장의 처지는 앞서의 대구 훈장보다는 나았지만, 여전히 고용된 노동자에 불과했다. 그는 지체는 양반이었지만 학식이 부족해 양반 서당에서는 받아 주지 않아, 김구가 사는 마을의 평민 서당에 고용된 훈장이었다. 하지만 김구에게 이 훈장은 "신인神人이라 할지 하느님이라 할지 얼마나 거룩해 보이는지 그 느낌은 이루 말할 수 없었다"라고 표현할 만큼 존경과 동경의 대상이었다. 처음에 그 훈장은 김구의 집 사랑방에서 가르치다가 산골에 있는 향리鄕吏였던 신씨의 사랑방으로 거처를 옮겼다. 그러나 그 훈장은 밥을 많이 먹는다는 이유로 쫓겨나고 말았다. 그 사정은 이와 같았다.

그림 11 『백범일지』 필사본, 한국민족문화대백과사전에서 전재

서당 동무 중에는 나보다 학식이 높은 아이도 있었으나, 배운 것을 강講하는 데에는 언제나 내가 최우등이었다. 그러던 중 반년 만에 선생님과 신씨 존위尊位 사이에 불화가 생겨 결국 이 선생님을 내보내게 되었다. 신씨 존위가 말하는 그 이유는 이 선생님이 밥을 너무 많이 드신다는 것이었지만, 사실은 그의 아들이 공부를 잘 못하는데 내 공부가 일취월장하는 것을 시기했기 때문이다.

한 번은 한 달에 한 번씩 하는 월강月講 때 선생님이 나에게 조용히 부탁하신 일이 있었다. 내가 늘 우등을 하니 이번에는 일부러 못하고 선생님이 뜻을 물어도 일부러 모른 체하라는 것이었다. 나는 그렇게 하겠다고 약속하고 그대로 했다. 그리하여 이날 신씨 존위의 아들이 처음으로 장원을 했다. 신씨 존위는 매우 기뻐서 이날 닭을 잡고 한 턱을 잘 내었다. 그러나 신씨 존위의 아들이 번번이 장원을 하지 못한 죄로 이 선생님이 쫓겨난 것이니, 이는 참으로 상스러운 행동이었다.

하루는 아침밥을 먹기 전에 선생님이 우리 집에 오시어 나를 불러 작별 인사를 하실 때, 나는 정신이 아득해져 선생님의 품에 매달려서 소리를 내어 울었다. 선생님도 눈물이 비 오듯 흘렀다. 나는 며칠 동안 밥도 잘 먹지 않고 울기만 했다.

-『백범일지白凡逸志』

　이처럼 김구가 존경하던 첫 스승은 말도 안 되는 이유로 고용주의 횡포로 쫓겨나고 말았다. 그 훈장은 생계를 위해 거짓으로 순위를 조작하기까지 했지만, 결국에는 그렇게 된 것이다. 이는 학식이 부족하여 번듯한 양반 서당의 훈장이 되지 못하고, 생계만 해결해 주면 어디라도 찾아가 훈장을 해야 하는 당시 몰락한 양반의 전형적인 모습이었다. 물론 유능한 훈장은 신분에 상관없이 존경받고 융숭한 대접을 받았으며, 멀리에서라도 학생이 찾아왔다. 김구의 또 다른 스승이었던 정문재鄭文哉가 그러한 훈장이었다. 그는 김구의 마을에서 10여 리 정도 떨어진 학골에서 훈장을 했는데, 양반이 아닌 비록 평민 출신이었지만 과문科文으로는 당대의 손꼽힐 만큼 뛰어난 인물이어서 그의 문하에는 사방에서 선비들이 모여들었다고 한다.

　하지만 김구가 당시 만났던 서당 훈장들의 수준은 그리 높지 않았다. 대부분 학문은 물론, 마음씨나 일하는 태도에서도 남의 스승이 될 자격이 없었던 것으로 보인다. 이는 서당이 급증하면서 자격이 미흡한 이들도 훈장이 될 수 있었기 때문이다.

적어도 훈장이 되려면 일정한 수준의 소양과 지식을 갖추어야 하는데, 이에 못 미치는 저급한 훈장들이 적지 않았던 모양이다. 당시 교육에 대한 열망이 서당을 통해 표출되었고, 훈장의 수요가 공급보다 훨씬 더 많았기에 이러한 현상이 나타났다. 그러한 무식한 훈장을 당시 '도도평장都都平丈'이라고 불렀다. 『논어』에 나오는 유명한 문장 "찬란하도다. 주나라의 문화여!"라는 뜻의 '욱욱호문郁郁乎文'이란 문장을 무식한 훈장이 비슷하게 생긴 한자인 '도도평장都都平丈'으로 잘못 읽었다는 것이다. 이와 같이 학식도 교양도 없이 위엄만 내세우는 당시의 훈장들을 풍자하는 글들이 있다. 그중에는 김삿갓으로 유명한 김병연金炳淵(1807-1863)의 익살스러운 시들이 있다. 삿갓을 쓰고 전국을 돌아다닌 김병연은 '도도평장' 수준의 훈장을 여러 명 만난 듯하다.

산골 훈장이 위엄이 얼마나 대단한지
山村學長太多威
묵은 갓 높이 쓰고 가래침을 퉤 내뱉네.
高着塵冠鋸唾排
'천황'을 큰 소리로 읽는 아이가 최고의 제자고
大讀天皇高弟子

'풍헌'이라 존칭하는 좋은 친구도 있다네.

尊稱風憲好朋儔

모르는 글자 만나면 매번 눈이 어둡다 핑계대고

每逢兀字憑衰眼

술잔을 돌리면 흰 수염을 구실로 먼저 받네.

輒到巡杯籍白鬚

밥 한 그릇 내주고 빈집에서 생색내며 하는 말이

一飯饡堂生色語

올해 나그네는 죄다 서울 사람이라 하네.

今年過客盡楊州

－「조산촌학장嘲山村學長」

   서당에서 겨우 밥 한 그릇을 대접하고서도 생색을 내는 훈장이 얄밉기도 했겠지만, 그 모습이 참으로 가관이었나 보다. 여기 '천황天皇'은 『천자문』 다음에 배우는 역사서인 『사략史略』의 첫 권에 나오는 문장이다. 기초적인 『사략』을 가르치는 주제에 모르는 글자만 나오면 노안을 핑계로 안 보인다고 한다. 그런데도 대우는 받고 싶어서 '풍헌風憲' 즉 요즘으로 치면 '동네 이장님'이라 불리는 걸 좋아하고, 술자리에서는 나이가 많다는 이유로 잔을 먼저 받는다. 김병연은 이런 저급한 훈장에게 홀대받는 자신의 서글픔을 시로 노래한 것이었다.

그래도 이 훈장은 비교적 양반에 속했다. 지나가던 나그네에게 먹을 것도 주고 잠자리도 제공하지 않았던가. 사회적으로 대접받지 못한 지식인들 사이에는 동병상련의 정과 유대감이 있었던 것 같다. 당시 서당은 유랑 지식인들의 숙소 구실도 했던 셈이다. 하지만 김병연이 어느 추운 겨울날 서당을 찾아가 하룻밤 묵게 해달라 청하였다가 문전박대를 당한 일도 있었다. 그는 이에 절묘한 해학시로 응수했다..

　　서당을 일찍부터 알고 와 보니

　　書堂乃早知(서당내조지)

　　방안에 모두 귀한 분들일세.

　　房中皆尊物(방중개존물)

　　생도는 모두 열 명도 못 되고

　　生徒諸未十(생도제미십)

　　선생은 나와 보지도 않네.

　　先生來不謁(선생내불알)

　　　　　　　　　　　　－ 「욕설모서당辱說某書堂」

이 시의 속뜻은 서당 훈장을 점잖게 풍자하고 있지만, 우리

말로 발음하면 노골적인 욕설이 된다. 김병연 특유의 재치와 풍자가 빛나는 대목이다.

위에서 본 바와 같이 당시의 고용 훈장들 대다수는 몰락한 양반이나 중인, 평민 출신의 유랑 지식인들이었다. 그들은 사족 못지않은 학식과 재능을 지녔음에도 사회적 차별과 냉대 속에서 근근이 훈장질로 연명해야 했다. 김병연 자신도 대역죄인의 후손이라는 이유로 벼슬길에 나아가지 못하고 시인으로서의 꿈도 펼치기 어려웠다. 같은 처지의 이들끼리 서로 이해하고 돕는 건 당연한 일일 터, 서당이 있다 하여 찾아갔건만 문전박대한 훈장의 행태는 용납하기 힘들었을 것이다. 이처럼 김병연의 시는 당시 서당 교육의 민낯과 더불어, 사회적 차별 속에서도 지식에 대한 열정을 잃지 않은 유랑 지식인들의 면모를 생생하게 보여 준다. 그의 재치 있는 풍자는 시대적 모순과 부조리에 대한 날카로운 통찰이자, 소외된 지식인으로서의 자존감을 지켜 내려는 필사적인 몸부림이었다.

새로운 사회를 꿈꾼 훈장들

몇몇 유랑 지식인들은 신분 차별이 없는 새로운 사회를 꿈꾸기도 했다. 일반적으로 영조 치세의 18세기는 정치적 안정과

그림 12 『승총명록』 고성박물관 소장

경제 성장, 활발한 문화 활동으로 조선의 중흥기로 평가된다. 그러나 당시 훈장이었던 구상덕仇尚德(1706-1761)의 일기인 『승총명록勝聰明錄』에 따르면, 실상은 너무도 달랐다. 매년 반복되는 가뭄과 홍수, 흉년과 전염병으로 길거리에 시체가 넘쳐나 매장할 수 없을 지경이었다. 실제로, 18세기 조선은 백성들에게 참으로 고통스러운 시기였다.

이에 유랑 지식인들은 서당 훈장으로 연명하면서 굶주림과 병으로 시달리는 백성들을 구제하고, 부조리한 신분제를 타파하기 위한 반역을 모의하기도 했다. 1733년 남원 괘서사건의 훈장 곽처웅郭處雄과 1755년 나주 괘서사건의 훈장 박천우朴天遇는 유가 경전보다는 『정감록鄭鑑錄』 등 예언서나 점복서에 깊은 관심을 보였고, 메시아가 와서 신분적 차별이 없는 대동세계를 열 것이라는 소문을 퍼뜨렸다. 한편, 같은 해 발생한 춘천 교영계敎英契 사건의 훈장 유봉성柳鳳星은 한 걸음 더 나아가 서당 자체를 변란의 거점으로 활용했다. 그는 군량을 모으고 병력을 모집하는 등 거사를 준비하며 교영계를 군사 조직으로 변모시켰다.

이 훈장들의 반란은 중세 사회가 한계에 봉착했음을 보여주는 징후였다. 이들에게 서당은 명분名分과 예교禮敎를 강조하며 신분적 위계를 공고히 하는 곳이 아니라, 부조리한 사회를 타파하고 새로운 세상을 열기 위한 공간이었다. 당시 서당은 생존 자체가 힘겨웠던 민중들과 좌절감에 빠진 지식인들에게 위안을 주는 역할도 하였다. 물론 모든 훈장이 체제 전복을 꿈꾼 것은 아니었고, 다수는 기존의 가치관을 그대로 받아들였다. 그러나 전통적인 교육 내용에서 탈피하려는 흐름 자체는 분명히 존재했다. 이는 서당 교육이 성리학 위주의 관념적 내용에서 벗어나, 민중의 삶과 직결된 현실적이고 실용적인 방향으로 나아가고 있었음을 시사한다.

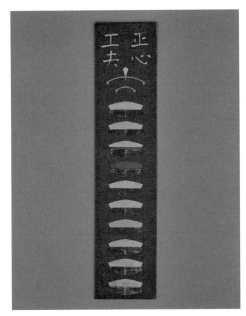

그림 13 서산, 천안박물관 소장

다변화되는 서당의 교육내용

서당의 강독과 계절학습

서당 교육은 대개 강독講讀, 제술製述, 습자習字라는 세 가지 활동으로 이루어졌다. 이 가운데 교재를 읽고 이해하며 암송하는 강독이 가장 중심이 되었다. 제술(시나 문장 작성)과 습자(글씨 쓰기) 역시 중요한 활동이었지만, 강독만큼은 아니었다.

강독의 목표는 교재를 반복해서 암송하게 하여 그 의미가 환하게 이해되는 경지, 이른바 '문리文理가 트이는 경지'에 이르도록 하는 것이었다. 스승이 학생의 실력과 단계에 따라 공부할 범위를 정한 뒤 이를 읽고 해석해 주면, 학생은 자기 자리로 돌아가 반복해서 읽고 암송하였다. 이때 학생은 책을 앞에 펴고 정좌를 한 뒤 몸을 좌우로 흔들거나 상하로 흔들면서 운율과 박자에 맞추어 큰 소리로 읽는 성독聲讀을 하였다. 성독을 할 때에는 옆에 서산書算을 놓고 읽은 횟수를 표시하였는데, 일반적으로 100독씩 하였다.

　　성독의 과정을 묘사한 흥미로운 시가 전해지고 있다. 「서산시書算詩」라는 이름의 이 시는 다음과 같다.

> 한 번 읽으면 꽃 한 송이가 피어나고
> 一讀一花開
> 두 번 읽으면 꽃 두 송이가 피어나며
> 二讀二花開
> 열 번 읽으면 꽃 열 송이가 피어나고
> 十讀十花開
> 백 번 읽으면 꽃 백 송이가 피어나네.
> 百讀百花開

읽으면 읽을수록 꽃들이 다투어 피어나니

讀讀花爭發

봄 햇살이 책 가운데 가득하다네.

春光滿書中

책 속에 꽃을 피우는 이 과정이 끝나면 스승은 학생의 학습 정도를 평가하였다. 평가는 강의講儀, 지강指講, 강심講尋 등으로 불리기도 했지만 대개 '강講'이라 칭해졌다. 이는 학생이 공부한 내용을 소리 높여 읽거나 암송하고 그 의미에 대해 문답하는 방식이었다. 이 평가는 교재를 보면서 읽는 면강面講과 교재를 보지 않고 암송하는 배강背講으로 나뉘었다. 그리고 그 등급은 대개 순純·통通·조粗·약略·불不의 다섯 등급이나 순통純通·순조純粗·순략純略·불통不通의 네 등급으로 매겨졌다. '불'이나 '불통'의 등급을 맞는 경우 새로운 단계로 나아갈 수 없었다.

따라서 서당의 강독은 일종의 완전학습이었다. 또 학생 각자의 수준에 맞는 학습 진도, 평가를 한다는 점에서 개별학습이기도 하였다. 학생의 학습 내용을 날마다 평가하는 일강日講이 주를 이루었지만, 때때로 열흘마다 하는 순강旬講, 보름마다 하는 망강望講, 달마다 하는 월강月講도 이루어졌다.

강독 교재

　강독 교재는 서당의 수준과 성격에 따라 천차만별이었다. 가장 기초적인 문자 해독 교재에서부터 역사와 성리학의 형이상학·심성론 등에 관한 교재까지 다양하였다. 이상수李象秀 (1820-1882)는 당시 향촌 서당에서 시행되는 잘못된 교육법에 대해 지적하였는데, 이를 자세히 살펴보면 서당에서 강독 교재들이 어떠한 순서를 따르고 있음을 확인할 수 있다.

> 내가 보니, 향촌의 자제들이 어려서부터 서당에 다니기 시작하여 스무 살이 되도록 문리文理가 여전히 어둡고, 경전의 내용을 제대로 이해하지 못하는 경우가 열에 여덟이나 아홉이다. … 최근에 그 문제의 원인을 알게 되었다. 이는 자질이 부족한 훈장들이 학생들을 방임한 채 더 이상의 노력을 하도록 만들지 않고, 가르치는 준칙을 따르지 않기 때문이다.
>
> 시골 서당에서 널리 시행되는 방법은 이러하다. 어린 아이가 처음에 주흥사周興嗣의 『천자문』과 박세무朴世茂의 『동몽선습』부터 배우게 한다. 이때에는, '음을 읽기만 하고 해석하지 않는다'. 이어서 증선지曾先之의 『사략

史略』이나 강지江贄의『통감절요通鑑節要』를 배우게 한다. 이때부터 비로소 '글의 의미를 해석訓釋하기 시작한다'. 나이가 점점 많아지고 이해력이 나아지더라도, 서당의 훈장이 항상 해석해 줄 뿐, 스스로 해석하게 하지는 않는다. 나이가 15-16세가 되어도 마찬가지이다. … 한 번 훈장이 해석을 해주면, 그제야 해석하고 읽을 수 있게 된, 보는 사람은 '문리가 거의 트였다'고 말한다. … 그래서 경전을 가르치기 시작한다. 먼저『맹자』를『맹자집주孟子集註』를 가지고 배우는데, 처음에 아무것도 모르기 때문에 훈장이 해석해 준다. 하지만 스스로 해석하지 않으니 한 권을 다 배워도 아무것도 아는 것이 없다. 다음에『논어』를 배우는데, 훈장이 해석할 뿐 스스로 해석하지 않으니, 한 권을 다 배워도 아무것도 아는 것이 없다. 사서삼경四書三經을 모두 배워도 전과 마찬가지로 아무것도 아는 것이 없다.

- 『어당집嶠堂集』

　　여기서 이상수는 스승의 해석에만 의존하고 스스로 학습하는 능력을 기르지 못하게 하는 훈장의 교수법에 대해 문제를 제기하고 있다. 다시 말해, 자기주도적 학습 능력을 전혀 키워 주지 못하고 있다는 비판이다. 이에 대한 해결책으로 이상수는 학생의 능력에 맞는 교재를 선택하고, 적절한 학습량을 제시하여 글의 뜻을 스스로 깨우치는 학습을 통해 문리를 터득하게 하며, 암송과 반복 학습을 통해 완전학습을 시행할 것을 요청하였다.

이제 서당의 강독 교재를 살펴보면, 이상수는 세 가지 유형으로 구분하고 있다. 첫째, '음을 읽기만 하고 해석하지 않는 단계의 교재'로 『천자문』이나 『동몽선습』이다. 이는 서당교육의 가장 기초적인 학습교재로, 문자 학습 단계의 교육이다. 우리 말과 한문이 다르기 때문에 한자를 하나씩 학습하는 과정이 가장 우선되어야 했다. 둘째, '해석 단계의 교재'로 『사략』과 『통감절요』이다. 이 두 책은 모두 역사책이나, 실제로는 역사적 내용을 학습하기보다는 주로 문리를 깨우치기 위한 교재로 사용되었다. 문리가 어느 정도 트이면, 마지막 단계인 '경학經學 단계의 교재'로 넘어간다. 이는 『논어』, 『맹자』를 비롯한 『사서삼경四書三經』으로, 유교의 가장 핵심적인 내용을 담은 경전들이다.

    ○ **문자 학습 단계의 교재**: 『천자문千字文』, 『동몽선습童蒙先習』, 『훈몽자회訓蒙字會』, 『유합類合』, 『신증유합新增類合』『아학편兒學編』, 『추구推句』, 『자류주해字類註解』, 『정몽유어正蒙類語』, 『몽학이천자蒙學二千字』, 『통학경

편『通學徑編』 등

○ **해석 단계의 교재**:『사략史略』,『통감절요通鑑節要』,
『명심보감明心寶鑑』,『격몽요결擊蒙要訣』,『계몽편啓蒙
篇』,『양정편養正篇』,『경민편警民編』,『삼강행실도三綱行
實圖』,『오륜행실도五倫行實圖』,『해동속소학海東續小學』
등

○ **경학 단계의 교재**:『소학小學』,『대학大學』,『논어論語』,
『맹자孟子』,『중용中庸』,『시경詩經』,『서경書經』,『주역周
易』,『춘추春秋』,『예기禮記』,『근사록近思錄』,『심경心經』,
『이정전서二程全書』,『주자대전朱子大全』,『성리대전性
理大全』,『자치통감강목資治通鑑綱目』,『역대정사歷代正
史』,『동국제사東國諸史』 등

물론 서당에서 이 모든 책을 다 배울 수는 없었다. 상황에 따
라 가장 중요하다고 생각되는 교재들을 선별하여 학습하였다.

경전을 가르치고 과거시험 준비까지 아우르는 경학서당經
學書堂이나 이름난 유학자들과 제자들과 함께 했던 도학서당道
學書堂은 경학 단계의 교재로 직접 들어갔다. 반면, 가장 일반적
인 서당 유형인 학문에 입문하는 아동을 대상으로 하는 '동몽서
당'에서는 문자학습의 첫 단계부터 차근차근 밟아 나갔다.『천

자문』과 『동몽선습』으로 시작하여, 해석 단계의 교재 두세 개를 선별하여 학습한 뒤, 『소학』에서 마무리되었다.

결국 동몽서당의 최종목표는 『소학』에 대한 이해와 내면화였다. 첫 문자학습단계에서 배우는 『동몽선습』이 『소학』에 앞서 배워야 할 책이라는 점을 앞서 논의한 바 있다. 따라서 동몽서당의 교육은 그 시작부터 마무리까지 『소학』을 중심으로 운영되었던 것이다.

이는 앞서 17세기 서당에 대해 논의했던 바와 같이, 당시 사림들이 개념화한 서당에 대한 인식이 지속되었기 때문이었다. 다시 말해, 서당은 '『소학』을 기반으로 아동들이 지켜야 할 행동준칙을 가르치고 체득시키는 교육기관'이라는 인식이 지속되었다.

『천자문』과 『아학편』

서당 첫 강독 교재인 『천자문』은 동아시아 한자문화권의 스테디셀러이자 베스트셀러였다. 서당에서 가장 널리 보급된 『천자문』은 선조의 어명을 받아 당대의 명필이었던 한호韓濩(1543-1605)가 쓴 『석봉천자문石峰千字文』이다. 이 책은 명필에 의해 쓰였기 때문에, 서당에서 강독 교재이자 글씨를 쓰는 것을 배우는

그림 14 『천자문』 한국학중앙연구원 장서각
제공

그림 15 『아학편』 디지털 한글박물관에서
전재

습자 교본으로도 사용되었다. 또 각 글자마다 뜻과 음을 한글로 새겨, 한자 입문서로 널리 이용될 수 있었다.

『천자문』은 운율에 따라 암송하기에 적합한 책이었다. 시작하는 '천지현황天地玄黃'부터 마지막 '언재호야焉哉乎也'까지 총 250구句의 운문 형식으로 이루어져 있으며, 8자마다 압운押韻을 맞추었기 때문이다. 압운이란 비슷한 음절의 글자를 일정한 곳에 규칙적으로 반복하여 운율을 조성하는 방식이다. 요즘 음악의 랩(Rap)에서 라임(Rhyme)과 유사한 개념이다. 처음 12구句만 보더라도 이를 분명하게 확인할 수 있다.

천지현황天地玄黃 우주홍황宇宙洪荒

일월영측日月盈昃 진수열장辰宿列張

한래서왕寒來暑往 추수동장秋收冬藏

윤여성세閏餘成歲 율려조양律呂調陽

운등치우雲騰致雨 노결위상露結爲霜

금생여수金生麗水 옥출곤강玉出崑岡

8자마다 끝 글자의 음을 살펴보면, 각각 '황', '장', '장', '양', '상', '강'으로 모두 발음이 비슷하다. 다른 말로, 운韻이 같다. '운'이란 글자의 발음에서 초성初聲을 뺀 중성中聲과 종성終聲을 합쳐 말한 것이다. 앞의 여섯 글자 모두 중성이 '아'이고 종성이 'ㅇ'이기에, 모두 운이 같다. 이와 같이 『천자문』은 '운'을 규칙적으로 반복함으로써 리듬과 박자를 지니게 하였다. 운율에 맞추어 몸을 움직이면서 소리 내어 읽거나 암송할 때에 단조롭지 않게 하는 점에서, 『천자문』은 '한자의 세계'에 입문하는 데 최고의 교재가 될 수 있었다.

그러나 『천자문』은 결코 만만한 내용의 책이 아니었다. 각 구절 모두 『사서오경』을 비롯한 여러 동양 고전에서 발췌하여 4자씩 1구句를 이루는 운율시 형태로 압축한 것으로, 중국의 자연·철학·역사·인물·인륜 등에 관한 수많은 논의를 총동원한 대서사시라고 할 수 있다. 사실 『천자문』은 좋은 아동용 입문교 재라고는 볼 수 없다. 정약용도 "『천자문』은 한 때 장난으로 지은 것이며, 어린이를 가르치는 책이 아니기에 어린이에게 가르쳐서는 안된다"라고 강하게 비판했다.

『천자문』은 여러 고전에서 발췌되었기 때문에 자주 사용되는 한자가 아니며, 글자의 난이도도 조절되지 않았다. 또, 4자씩 1구를 이루는 운율시 형식으로 압운을 맞춰야 했기에 문장 배열도 체계가 없다. 무엇보다 문장 자체도 상당히 난해하다. 그 첫 구절인 "하늘은 검고 땅은 누렇다"라는 "천지현황天地玄黃" 만 보더라도, 학문에 입문하는 아이의 입장에서는 도대체 무엇을 말하려는지 이해하기 어렵다. 이 구절은 『주역』에서 가져온 것으로, 심도 깊은 동양 철학의 입장이 담겨 있다. 여기서 '하늘이 검다'는 것은 눈으로 보이는 하늘의 색이 아니라, '현묘玄妙한 하늘의 본바탕'을 추상적으로 말한다. 그리고 '땅이 누렇다'는 것은 목木·화火·토土·금金·수水로 우주를 설명하는 오행론五行論과 관련이 있는 것으로, 토土는 황색에 해당하기에 그렇게 말한 것이다.

이렇기에, 서당에서 아이들이 그 본래 의미를 알지 못하고, 무의미하게 철자를 읽고 외우는 것에 그치곤 했다. 심지어 정약용의 표현처럼 '하늘 천天, 땅 지地, 감을 현玄, 누를 황黃'이라고 배웠기에, '하늘은 감거나 묶고(bind), 땅은 누른다(press)'는 식으로 잘못 이해하기도 했다.

이러한 이유로 조선의 지식인들은 『천자문』을 대체할 여러 입문서를 제작하였다. 대표적으로, 최세진崔世珍(1468-1542)의 『훈몽자회訓蒙字會』, 『유합類合』, 유희춘柳希春(1513-1577)의 『신증유합新增類合』, 정약용의 『아학편兒學編』을 들 수 있다. 이 가운데 『아학편』은 현대의 교육학이나 언어학의 입장에서 보아도 과학적이면서도 체계적인 입문교재이다. 정약용은 기존의 한자 입문교재들의 문제점을 극복하고자, 상·하 각 권에 천 자씩 하여 총 이천 자의 『아학편』을 제작했다.

상권은 유형자有形字, 즉 구체명사로 구성되어 있고, 하권에는 무형자無形字, 즉 추상명사, 대명사, 형용사, 동사 등으로 구성되어 있다. 즉 아동이 감각기관으로 경험하거나 관찰할 수 있는 유형자에 관한 개념을 먼저 학습한 후, 주관적인 판단이나 이해가 요구되는 무형자에 관한 개념을 학습하도록 했다. 추상적인 개념보다 실제 경험과 연결된 개념이 더 빠르게 학습된다는 원리에 따른 것이다. 예를 들어, 인간에 관한 이해를 돕고자 하는 데 있어, 상권에서는 이목耳目·구비口鼻·수족手足·두뇌頭腦 등의 글자를 통해 신체와 감각기관에 대해 설명하고, 하권에서는 인의仁義·예지禮智·효제孝悌·충신忠信 등의 글자를 통해 정신적 덕목과 개념을 배우도록 했다. 이러한『아학편』의 제작 원리는 근본적으로 '촉류방통법觸類旁通法'에 기반하고 있다. 이에 대해 정약용은 다음과 같이 말했다.

대체로 문자를 가르침에 있어서는 '맑을 청淸' 자로 '흐릴 탁濁' 자를 깨우치고, '가까울 근近' 자로 '멀 원遠' 자를 깨우치며, '가벼울 경輕' 자로 '무거울 중重' 자를 깨우치고, '얕을 천淺' 자로 '깊을 심深' 자를 깨우치도록 해야 한다. 두 글자씩 들어서 서로 드러내면 두 가지 의미가 모두 통하게 되지만, 한 글자씩 들어 말하면 두 가지가 의미가 모두 막히게 된다. 특별히 뛰어난 지혜가 아니면 어떻게 깨달을 수 있겠는가. … 이미 알고 있는 대상과 유사한 대상을 연결시키지 않으면 널리 통할 수 없게 된다.

- 『여유당전서與猶堂全書』

촉류방통법은 '이미 알고 있는 대상에 대한 인식을 바탕으로, 그와 유사한 다른 대상에 대한 인식을 넓히고 통달하는 방식'이다. 다시 말해, 학습자가 기존에 알고 있는 지식을 활용해 유사한 새로운 지식을 습득하고 이해를 확장하는 방법이다. 이러한 『아학편』의 교육방식은 학습자가 새로운 지식을 기존의 지식 체계(Scheme)에 통합하고, 이를 통해 더 넓은 이해를 도모하게 하는 현대 교육학의 구성주의(Constructivism) 학습 원리와 정확히 일치한다. 이러한 우수성 때문에 『아학편』은 서당 교재로서 실제 사용되었다. 또한 의료인이자 한글학자인 지석영池錫永(1855-1935)은 『아학편』을 모태로 하여 한글, 영어, 중국어, 일본어 어휘와 독음을 함께 적은 책을 발매하였다. 지석영은 그 서문에서 "이 책은 다산 정약용 선생이 저술한 것으로, 사람의 일상 생활에서 사용되는 글자들을 빠짐없이 담고 있으니, 진실로 아이들이 학문에 입문할 때의 필수 교과라 할 수 있다"라고 언급하였다. 이처럼 『아학편』은 문자의 세계에 입문하는 아동들을 위한 대단히 뛰어난 교재였다.

『전등신화』와 『아희원람』

18세기 조선에서는 평민층 가운데 농업 생산력 및 상품 화폐 경제의 발달로 인해 상당한 부를 축적한 이들이 등장하였다. 특히 17세기 이래 중국과의 무역이 확대되는 과정에서, 서울에

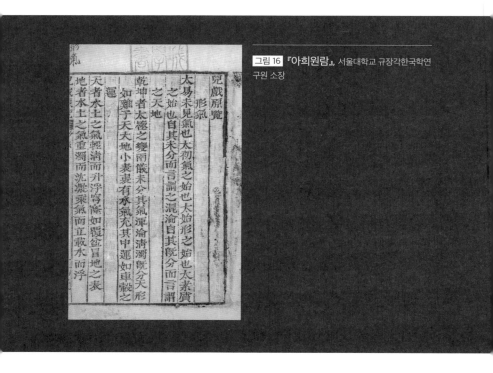

그림 16 『아희원람』, 서울대학교 규장각한국학연구원 소장

살던 역관, 기술관, 아전 등과 같은 중인들이 상당한 재산을 모을 수 있었다. 이들은 경제적 여유를 바탕으로 자녀 교육에 많은 관심을 보였다. 그 결과, 서울에서는 이러한 중인 이하의 평민들을 위한 서당이 설립되었다. 특히 주목할 만한 점은 이곳의 서당 훈장이 중인 출신은 물론이고 심지어 노비 출신이었다는 사실이다. 성균관 노비인 정학수鄭學洙는 서당을 세우고 가르쳤는데, 그의 학생 수는 무려 100여 명에 이르렀다고 한다. 노비 신분임에도 불구하고 많은 학생을 가르칠 수 있었던 것은 당시 평민서당의 특징을 잘 보여 준다. 정학수 서당의 모습을 조수삼 趙秀三(1762-1849)은 다음과 같이 묘사하였다.

강당의 꽃나무 사이로 길 하나 나 있는데
講堂花木一蹊成

아침과 저녁이면 종소리 듣고 몰려드네
斯夕斯晨趁磬聲

사방의 아름다운 자제를 교육하는 이 누군가
教育四隣佳子弟

품 넓은 옷에 폭넓은 띠를 한 정 선생이라네
裒衣博帶鄭先生

－『추재집秋齋集』

조수삼은 위항문인委巷文人으로, 학문적으로나 문학적으로
뛰어난 소양을 지닌 중인층 출신 지식인이었다. 이러한 위항문
인들 가운데 당시 서울의 평민 서당을 이끌었던 여러 훈장이 있
었다. 대표적인 인물로는 위항문인의 맹주이자 송석원시사松石
園詩社를 주도했던 천수경千壽慶(?-1818)이 있다. 송석원시사는 중
인 출신 지식인들이 천수경의 거처인 송석원에 모여 시문詩文을
즐겼던 문학 단체이다.

천수경의 서당은 오늘날의 대형 입시학원에 맞먹을 정도로
규모가 컸다. 학생 수가 가장 많을 때는 무려 300명에 이르렀
고, 평소에도 50-60명 정도의 학생이 있었으며, 이를 여러 반으
로 나누어 교육하였다. 또 학생이 많다 보니 뛰어난 학생이 다
른 학생을 가르치는 시스템을 도입하였으며, 수업료는 매달 현
금으로 지불하였으니 거의 상업화된 전문 서당이었다.

이러한 평민서당의 교육은 양반서당과 마찬가지로 『소학』
을 중심으로 하는 강독 교재를 사용했다. 그러나 이 서당의 교
육 대상이 중인 이하의 평민층이었다는 점에서, 이전과는 다른
양상의 강독 교재가 사용되었을 가능성이 크다. 이 점은 조선
후기의 파격적인 문체로 이름을 날린 이옥李鈺(1760-1815)의 기록
에서 확인할 수 있다.

『전등신화剪燈新話』는 구우瞿佑(1347-1433)가 원대와 명대 소설들을 수정하여 만든 소설이다. … 이 책의 문장이 모두 속되고 가벼워서 쉽게 이해하고 따라 할 수 있기 때문에 우리나라의 이서吏胥들은 반드시 이 작품을 읽었다. … 지인知印인 장종득張宗得이 『전등신화』를 가지고 와서 배우기를 원했기에, 나 또한 때때로 읽어 보니, 주석이 상당히 자세하게 달려 있었다.

— 『이옥전집李鈺全集』

이옥이 유배되어 서당 훈장을 할 때, 지인知印이었던 학동 하나가 『전등신화』를 배우고자 했다는 것이다. 여기서 지인은 수령의 잔심부름을 하는 아이로, 주로 향리의 자제들이었다.

『전등신화』는 중국 명대의 전기傳奇 소설로, 남녀의 농염한 애정사를 중심으로 요괴와 귀신 등이 등장하는 작품이다. 오늘날의 로맨스 판타지 소설에 해당한다. 이 책은 비현실적이고 비윤리적인 내용으로 인해 많은 비판을 받았다. 중국에서는 이 책이 "이단사설을 날로 번성시켜 사람들의 마음을 어지럽힌다"라는 이유로 한때 금서가 되기도 했다. 조선에서도 정사신鄭士信(1558-1619)과 같은 인물은 "그 내용을 신중히 살피지 않고 탐독하면, 사악하고 비뚤어진 영역에 빠져들어 윤리적 폐해가 적지 않을 것"이라며 비판했다. 이처럼『전등신화』는 사대부의 교양서로는 적합하지 않았다. 그러나 이 책의 제목 즉 "등불의 심지를 잘라 불을 밝혀 가며 읽는 재미나고 새로운 이야기"였기에, 중국과 조선에서 엄청난 인기를 끌었다.

이옥의 위 언급에서 볼 수 있듯이, 당시 중인층 아전이나 향리들에게『전등신화』는 필독 권장 도서였다. 이들은 양반 지배 계층의 이념적이고 사변적인 도덕적 교화서보다 신화적이고 초현실적인 소설에 더 매력을 느꼈다. 이러한 이유로, 이옥의 서당에서 중인 출신 학동이『전등신화』를 배우고자 했던 것이다. 이는 평민서당에서는 기존『소학』류의 사대부 교재와는 다른 교재가 사용되고 있었음을 보여 준다.

이와 관련하여, 서민적인 특성을 보여 주는 주목할 만한 아동 학습서가 있었다. 바로 천수경과 함께 송석원시사를 이끌었던 장혼張混(1759-1828)이 지은『아희원람兒戱原覽』이다. 제목에서 알 수 있듯이, 이 책은 아이들이 재미있게 찾아볼 수 있는 초학용 유서類書 즉 어린이용 백과사전이었다. 이 서적은『소학』류의 서적과 달리, 아동들이 친근하게 접근할 수 있는 동화적이고 우화적인 내용을 가득 담고 있어 일반 민중의 욕구를 충족시켰다. 이로 인해 상업성을 목적으로 하는 방각본坊刻本으로 간행되어 널리 유포되었다.

『아희원람』의 저자 장혼은 중인 출신으로, 초학자나 아동을 위한 여러 책을 저술하였다. 그의 책들은 유교적 가치관에 중점을 둔 기존의 교화적인 아동 서적과는 달리, 다분히 세속적이면서도 민중적이었다. 장혼은『아희원람』에서 당시 아이들이 알아야 기초 상식을 10개의 대주제와 530여 개의 항목으로 선별하여 제시하였다. 구체적으로, 아이들이 관심을 가질만한 우리나라의 역사와 지리, 세시풍속, 놀이 등에 관한 상식들뿐만 아니라 신화와 민담도 가득 담아 놓았다. 그중 흥미로운 내용 설화와 민담 몇 가지를 소개하면 다음과 같다.

- 천황씨天皇氏는 세 개의 혀를 가지고 있고 몸에는 비늘이 있었다. 지황씨地皇氏는 용의 이마와 말발굽을 가지고 있었다.
- 치우蚩尤의 형제 18명은 모두 짐승의 혀를 가지고 사람의 언어를 말하며, 머리는 동으로, 이마는 쇠로 되어 있다. 오곡을 먹지 않고 모래를 씹으며 돌을 삼켰다.
- 용은 뿔로 듣고, 소는 코로 듣고, 뱀과 자라는 눈으로 듣고, 거북이는 귀로 숨을 쉰다.
- 늑대와 여우는 모두 팔백 살까지 산다. 삼백 살이 되

면 모두 사람 모습으로 변하고, 백 살이 된 여우의 정령精靈은 미녀가 된다.

• 『남사南史』에 따르면, 유옹劉邕은 부스럼 딱지를 즐겨 먹었는데, 그 맛이 복어와 비슷하다고 하여 남의 부스럼 딱지가 떨어지는 것을 보면 얼른 주워 먹었다고 한다.

• 유성流星이 묘성昴星을 관통하는 것을 보고 감응하여 14개월간 임신한 뒤, 등을 찢고 우禹임금을 낳았다.

- 『아희원람』

이처럼 『아희원람』은 기이하고 신비로운 내용으로 아이들의 흥미를 끌었으며, 초자연적인 내용으로 아이들의 상상력을 자극했을 것이다. 이 초학용 백과사전은, 이옥의 제자가 『전등신화』를 가져와 서당에서 배우고자 했던 것처럼, 평민서당에서 읽혔을 가능성이 높다. 이는 기존의 유교적 가치관에 중점을 둔 초학 교재와는 달리, 세속적이면서도 민중적인 내용으로, 과거 시험에 응시할 여건이 어려운 중인 이하의 자제들에게 적합했기 때문이다.

실용 문서와 탄원서

　평민서당은 사회적 제약으로 인해 관리 등용 체계에서 배제되었던 중인 이하의 자제들을 대상으로 하였기에, 실질적인 생활 능력 향상과 실용적인 지식 습득에 초점을 맞춰야 했다. 『백범일지』에도 이와 관련한 이야기가 나온다.

> 　그때에 아버지는 내게 이렇게 말씀하셨다. "밥 빌어먹기는 장타령이 제일이니, 큰 글을 배우려고 애쓰지 말고 실용문서 작성이나 배우거라. '우명문표사단右明文標事段'하는 토지문서 쓰기, '우근진소지단右謹陳訴旨段'하는 고소장 쓰기, '유세차감소고우維歲次敢昭告于'하는 축문祝文 쓰기, '복지제기자미유항려僕之第幾子未有伉儷'하는 혼서지 쓰기, '복미심차시伏未審此時'하는 편지 쓰기를 배우거라." 나는 틈틈이 이 공부를 열심히 하니, 문중에서는 내게 무식한 사람들 가운데 빛나는 사람이 되어 장래 존위尊位에 상당하는 지위는 갖출 것이라고 기대하게 되었다.
>
> 　　　　　　　　　　　　　　　　　　　　－ 『백범일지』

김구의 아버지는 신분상 평민이기에 높은 관리는 될 수 없다는 현실을 깨닫고, 먹고 살 수 있는 방안을 해결할 실용적인 학문을 배우라고 권유한 것이었다. 그의 요청은 '토지문서, 고소장, 축문, 혼서지 등'과 같은 실용 문서 작성이었다. 이러한 문서 작성 능력을 키우면 언젠가 존위尊位, 즉 높은 향리 정도는 될 수 있다고 보았던 것이다. 이 실용문서는 '우명문표사단右明文標事段', '우근진소지단右謹陳訴旨段'과 같은 나름의 형식과 체제가 있었다.

이 실용문서들 가운데 탄원서는 향리를 꿈꾸는 평민 자제들에게 중요한 교육 내용이었다. 18세기 이후 서당의 확산을 통해 교육이 평민 계층까지 확대되었고, 권리나 소유에 대한 인식이 향촌사회까지 정착되면서 민원이 활발하게 제기되었다. 따라서 억울한 일을 당하거나 청원할 일이 있을 때를 대비하여 탄원서를 작성하는 요령을 배워야 했다. 이옥이 훈장을 할 때도 탄원서를 배우고자 하는 요청이 쇄도하였다고 한다.

먼 시골의 학동들이 배우기를 원하는 것은 탄원서所志狀의 글로, 베껴 쓰고 외우는 것이 일반적이었다. 여기 의령의 양갓집 딸 필영必英의 탄원서는 대체로 『전등신화』를 많이 읽어 그것을 바탕으로 만든 것이다. 내가

대강을 수정하여 『전등신화』를 읽는 시골 학동들에게
보여 주고자 하였다.

- 『이옥전집』

학동들이 배운 탄원서 중에는 실제 사례도 있었지만 『전등
신화』 등 소설을 바탕으로 각색된 것들도 있었다. 이옥은 서당
아이들을 위해 탄원서를 교육적으로 각색하여 새롭게 작성하
였는데, 그 내용은 전통적인 서당 교재인 『소학』류에서는 찾아
볼 수 없는 것이었다. 양가집 딸 필영이 서울에서 이사 온 미남
자 최랑과 사랑에 빠져 부모의 허락 없이 혼인하기로 약속했다
가, 가족의 노여움을 사서 관기官妓가 되었으니 이를 선처해 달
라는 내용이었다. 당시에는 부모의 승낙 없이 외간 남자와 혼인
을 약속하는 것은 용서받을 수 없는 행실로 여겨졌다. 이러한
비윤리적인 탄원서가 교육 내용으로 사용되었다는 것은 평민
서당이 기존의 교육 틀에서 상당히 벗어나고 있음을 보여 준다.

탄원서 양식을 학습하기 위한 교재로 19세기에 제작된 『요
람要覽』이라는 서적은 주목할 만한 가치가 있다. 이 책은 실용
문서 작성을 위한 학습 교재로, 사대부처럼 높은 한문 실력이
없어도 한문에 대한 기본 소양을 지닌 사람이라면 충분히 모방
할 수 있도록 구성되었다. 또 탄원서와 같은 실용 문서는 이두

吏讀가 많이 사용되는데,『요람』에는 이두로 작성된 글들이 여러 개 실려있다. 또한 이 책에 실린 동물들이 소송을 벌이는 문서들은 평민층 아이들에게 상당한 흥미를 유발하여, 탄원서의 학습을 더 용이하게 만들었을 것이다. 예를 들어, 고양이가 주인에게 개에 대한 처벌을 요청하는 탄원서에서는 다음과 같은 내용이 담겨 있다.

제가 어릴 때 어머니를 잃고 주인님에게 길러 주심이 지금까지 여러 해입니다. 저는 채소를 좋아하지 않고 고기반찬을 좋아하자, 주인님께서 가자미와 대구를 잘게 부수어 밥과 섞어 주셨고, 그 은혜는 하늘과 같았습니다. 장성한 후에는 쥐 잡는 일을 맡아 밥과 반찬을 훔치는 쥐를 잡아 아침, 점심, 저녁거리를 마련했습니다. 쥐의 머리와 꼬리가 보이면 높은 소리를 내어 쥐가 도망가도록 하였죠. 주인님께서 저를 데려온 후로는 쥐가 옷을 물어뜯는 일도 없고, 밥도 깨끗하게 먹을 수 있었습니다. 그래서 주인님께서는 저를 다른 가축들과 다르게 방에 출입할 수 있도록 허락하시며, 저에 대한 사랑이 지극했습니다.

하지만 저 개똥은 바깥에서 지내는 종으로, 문턱을 넘

지 않고 마루 아래에서 뒹굴기만 합니다. 그는 남은 찌꺼기 밥이나 얻어먹고 다행이라 여겨야 할 것입니다. 그러나 그는 저를 질투하여 몰아내고 물려고 합니다. 저는 힘이 약해 맞설 수 없어 처마 위로 도망가 겨우 목숨을 부지했습니다. 개똥과 저는 비록 다른 종류의 동물이지만 같은 집에 살며, 원한도 없고 다툴 이유도 없습니다. 우리는 한마음으로 주인을 섬겨야 합니다. 그러나 개똥은 저를 질투하고 미워하여 해치려 합니다.

개똥은 심술이 불량하여 이웃집 아이가 불씨를 구하러 오면 다리를 물어 주인님께 욕을 먹게 하고, 밥을 주는 여종이 태만하면 그 틈을 타서 밥을 훔쳐 먹습니다. 배부르게 먹고 나서는 책망을 피하려고 핑계를 대며 마루 아래에 누워 꼼짝도 하지 않습니다. 주인님께서 밥을 드실 때마다 거드름을 피우며 눈을 굴립니다. 본심은 빼앗아 먹고 싶지만 형편상 그렇게 하지 못하는 것입니다.

이렇게 나쁜 버릇을 고치지 않으면 저는 몸을 보존할 수 없습니다. 간절히 바라옵건대, 개똥을 엄하게 징계하여 제가 안전하게 지낼 수 있도록 해 주시기 바랍니다.

– 「비묘금지소婢猫今所志」

고양이 묘금은 자신의 탄원서에서 다양한 수사적 장치를 활용하여 의견을 피력하고 있다. 우선, 묘금은 까다로운 입맛을 맞춰준 주인에 대한 깊은 감사와 은혜를 잊지 않고 있음을 강조한다. 또한, 주인을 위해 쥐를 잡는 임무를 성실하게 수행하는 헌신적인 존재로 자신을 묘사하며, 이를 통해 주인에게 충성을 다하는 모습을 보여 줌으로써 인정받고자 하는 의도를 드러낸다. 반면, 개똥은 게으르고 심술궂은 동물로 묘사되어 그의 행동이 주인에게 끼치는 해로운 영향이 부각된다. 이처럼 묘금은 자신과 개똥을 대조하는 방식으로 주인에게 개똥을 징계해 달라는 요청을 설득력 있게 전달하고 있다.

결국, 주인이 개똥을 불러 사실 관계를 조사하자, 개똥은 억울함을 호소하며 다음과 같은 탄원서를 올리게 되었다.

저는 불만이 있었지만 방법을 찾지 못해 참고 지내왔습니다. 이제 이 조치로 억울함을 풀고자 합니다. 비록 말을 못하지만, 주인님의 뜻을 잘 이해하며 충실히 섬겼습니다. 흉년으로 도둑이 활개를 치는 상황에서도 매일 밤 울타리 밑에서 경비를 서며 새벽까지 고생했습니다. 주인님이 연로하시고 집안이 가난해 적절한 반찬이 없는 것도 걱정되었습니다. 저는 사냥에 능숙

그림 17 이암, 《화조묘구도花鳥猫狗圖》, 공유마당에서 전재

하여 꿩과 토끼를 잡아 주인님께 바치며 충성을 다했습니다. 그러나 주인님께서는 저에게 상을 주지 않으셨고, 밥도 이틀에 한 번 주셔서 배고파 인분人糞을 삼켜 요기한 적도 있었습니다.

반면 묘금은 쥐를 잡는 일을 맡고 있지만 게을러서 늘 자고만 있습니다. 쥐들이 반찬을 훔치고 옷을 물어뜯어도 신경 쓰지 않고, 오히려 반찬과 고기를 훔쳐 먹었습니다. 가끔 병든 쥐를 잡아도 가지고 놀기만 합니다. 직무 태만한 죄로 벌을 받아야 하지만, 주인님께서는 이를 모르시고 묘금을 은혜롭게 대우하십니다. 좋은 밥과 맛있는 음식을 주시고, 비단 자리에서 지내게 하십니다. 그럴 때 저는 스스로 책망합니다. "충성을 다했어도 예우받지 못하고, 묘금은 아무런 덕이 없는데도 은혜와 사랑을 받는구나. 이게 다 묘금의 모함 때문이구나." 그 생각에 분노가 치밀어 올랐으나, 제가 원래 포악한 성품이 아니라서 묘금을 용서해 주었습니다.

하지만 묘금은 도리어 주인님께 저를 무고하고, 터무니없는 죄목으로 시비를 걸어왔으니, 차라리 솥에 삶아져 죽는 한이 있어도 묘금과 함께 살고 싶지 않습니다. 또한, 저의 억울한 상황과 묘금의 간교한 행동에 대해 상세히 말씀드리는 것이 두려워 대강만 말씀드렸습니다. 피차간의 선악에 대해 더욱 자세히 설명드리오니, 주인님께서 각 조목마다 세심히 살펴 주시길 간절히 바랍니다. … 주인님께서는 선한 이를 선하게 여기고 악한 이를 악하게 여기지 않으셔서 억울함이 깊습니다. 이제 모든 것을 숨김없이 아뢰옵니다. 방안에 나들며 비단 자리에 앉거나 눕는 것은 바라지 않습니다. 다만, 아침저녁으로 밥을 주어 굶주림을 면하게 해 주시고, 묘금의 태만과 모함한 죄를 엄중히 다스려 내쳐 주시길 바랍니다. 선을 권장하고 악을 징계하는 뜻을 보여 주시기 바랍니다.

- 「노구동원정奴狗同原情」

여기서 개똥은 자신이 주인에게 충성을 다했음에도 정당한 대우를 받지 못함을 강조하고 있다. 또 고양이 묘금이 게으르고 부정한 행동을 일삼는데도 주인에게 과분한 대우를 받고 있음을 지적한다. 특히 개똥은 자신이 받은 부당한 대우와 고양이 묘금의 부정한 행동을 대조시키며, 주인이 선악을 구별하고 공정하게 처벌해 줄 것을 요구하고 있다.

이처럼 『요람』에 수록된 동물들의 탄원서는 대립하는 양측

이 서로의 잘잘못을 지적하고 자신의 선행을 내세우며 판결을 구하는 실제 소송의 구조를 반영하고 있다. 이를 통해 학동들은 감정적 호소, 대조적 묘사, 구체적 사례 제시 등 탄원서 작성에 필요한 다양한 설득 전략을 습득할 수 있었을 것이다. 또한 원고와 피고 양측의 주장을 균형 있게 판단하는 공정성도 함양할 수 있었으리라 짐작된다. 이와 같은 탄원서 교육을 통해 평민서당의 아동들은 실용문서 작성의 형식과 특성을 익힐 수 있었다. 더불어 도덕적 교훈을 통해 선악을 분별하는 윤리의식도 함양할 수 있었을 것이다.

　18세기 이후 설립된 평민서당은 양반서당과 다른 교육내용을 다루고 있었다. 『아희원람』, 『전등신화』, 『요람』 등의 교재가 보여 주듯, 평민서당에서는 실용성과 재미를 겸비한 새로운 교재가 활용되기 시작하였다. 장혼의 『아희원람』은 신화와 민담, 세시풍속 등 아동들의 흥미를 끌 만한 내용을 담은 초학용 백과사전으로, 전통적인 유교 교재와는 차별화된 성격을 지니고 있었다. 『전등신화』의 경우 비윤리적인 내용으로 사대부들의 비판을 받기도 했으나, 재미있는 이야기 덕분에 평민 자제들 사이에서 널리 읽혔다. 『요람』 역시 실용문서 작성법을 익히기 위한 학습서로, 등장인물로 동물들을 내세워 아동들의 흥미를 이끌어 내는 한편 소송 과정의 실제를 생생하게 보여 주었다. 이처럼 평민서당의 교재들은『소학』류의 교재를 통해 유교적 가치관을 강조하기보다는, 평민들에게 실질적으로 요구되는 능력을 배양하는 데 주력하였다. 세속적이고 통속적인 내용을 담은 책들이 교육 현장에 도입된 것은 성리학적 이념 교육에서 벗어나 보다 실용적인 교육을 지향하는 시대적 변화의 소산이라 할 수 있다.

요컨대, 평민서당은 유교 이데올로기의 틀에서 벗어나 대중의 욕구를 수용하고 실생활에 도움 되는 교육을 실천함으로써 근대 교육의 맹아를 보여 주었다. 봉건적 신분질서를 전제한 기존의 교육 패러다임과 결별하고, 보다 실용적이고 대중적인 교육 내용을 지향한 평민서당의 시도는 근대로의 이행을 준비하는 의미 있는 변화였다고 평가할 수 있다.

풍속과 놀이의 다양화

서당의 풍속

18-19세기에 걸쳐 서당의 성장과 확산은 교육의 보편화에 크게 기여했을 뿐만 아니라, 서당 내의 풍속과 놀이문화의 발달

로 이어졌다. 이 시기 서당은 단순한 교육기관을 넘어, 지역사회의 문화적·사회적 중심지로서의 자리매김하였다.

서당에는 교육운영과 밀접히 연관된 다양한 풍속들이 존재했다. 그중에서도 개학식과 종업식에 해당하는 '개접開接'과 '파접罷接', 그리고 한 권의 책을 마칠 때마다 치르는 '책씻이'가 특히 중요한 의미를 지녔다.

개접과 파접의 유래와 의의

'개접'과 '파접'은 '개거접開居接'과 '파거접罷居接'의 준말이다. '접接'은 원래 '무리'를 의미하나 서당에서는 동급의 학도를 지칭한다. 여기서 '거접'이란 '동급의 학생들과 함께 공부한다'는 뜻인데, 이는 고려시대 사학私學 전통에서 유래했다. 12개의 사설 교육기관을 의미하는 12도十二徒는 매년 여름이면 사찰이나 정사에 모여 과거 공부를 하는 '하과夏課' 또는 '하천도회夏天都會'를 열었다. 이러한 집단 학습 방식이 조선의 서당과 향교, 서원 등으로 이어진 것이었다.

서당의 개접은 무더운 여름철에 서당을 벗어나 시원한 정자나 냇가에 모여 시문詩文을 낭송하고 암송하며 직접 짓는 특별한 방식으로 진행되었다. 개접례開接禮라 불리는 이 행사에는 인근 서당 학생들과 학부모, 손님 등이 모여 성대한 시문 경연을 펼쳤다. 학생들은 동접東接과 서접西接으로 편을 갈라 훈장이나 손님이 출제한 시제詩題로 실력을 겨루었는데, 경쟁이 매우 치열하여 전투나 전쟁을 뜻하는 '전예戰藝' 또는 '백전白戰'이라고도 불렸다.

파접은 대개 칠석이나 그 전날에, '파접례罷接禮' 또는 벼루를 씻는다는 의미의 '세연례洗硯禮'로 시행되었다. 이때의 글제는 주로 한유韓愈(768-824)의 시구인 "등화초가친燈火稍可親"으로 주어졌는데, 이는 '등불 밑에서 책을 읽기에 좋은 계절'이라는 뜻으로, 가을에 학업에 정진하라는 의미를 담고 있다. 파접 후 가을을 맞는 학생들에게 학업을 독려하는 의미를 담았다.

그러나 개접과 파접의 시기에도 변화가 생겼다. 조선 후기의 각종 놀이와 명절 풍속 등의 다양한 내용을 담고 있는 최영년崔永年,(1856-1935)의 『해동죽지海東竹枝』에 따르면, 4월 초에 개접례를, 7월에 폐접례를 행했다. 이는 서당의 학사 일정에 맞추어 조정한 것으로 보인다.

책씻이의 의미와 전통

'책씻이冊施時'는 서당의 풍습 가운데 가장 잘 알려진 것으로 세책례洗冊禮 또는 책세식冊貰式, 책거리卦冊禮 등으로 불리기도 한다. 책씻이나 세책례는 책을 씻는다는 의미인데, 이는 책을 깨끗하게 씻는다는 것이 아니라 '갈고 닦는다'는 뜻이다. 이 책 씻이는 서당뿐만 아니라 왕실에서도 이루어졌다. 유난히 책을 사랑했던 왕으로 전해지는 정조도 이 책씻이를 시행하였다.

> 내가 요즘 일과를 정해서 새로 간행된 『춘추春秋』를 읽어 왔는데 오늘에야 겨우 끝났다. 그런데 자궁慈宮께서 내가 어렸을 때 책씻이하던 일을 생각하시고 음식상을 마련해 주셨기에 경들과 함께 맛보려고 하는 것이다.
>
> ― 『정조실록』 권52, 정조 23년 12월 8일

여기서 자궁은 정조의 생모인 혜경궁 홍씨이다. 1799년 정조는 『춘추』를 완독하고 모친인 혜경궁 홍씨에게 이를 알리자, 정조가 어렸을 때 책씻이를 해 주었던 것처럼 술과 떡을 만들어 주어서 신하들과 나눠 먹었다는 것이다. 이처럼 책씻이는 자식의 학문적 성장에 대한 축하와 격려, 그리고 감사의 뜻으로 훈장과 학동들을 비롯하여 동네 어른들에게 간단한 음식과 술 등을 대접하는 것이었다.

책씻이 때에는 반드시 송편을 만들어 먹었는데, 이는 송편이 담긴 상징적 의미 때문이었다. 송편은 비어 있는 속에다 팥이나 콩 등의 소를 넣어 만드는데, 마찬가지로 아이의 머릿속에도 지혜가 가득 차기를 바라는 마음을 담았다.

서당의 풍속은 학생들 간의 경쟁과 실력 향상에 그치지 않고, 학습의 진척을 함께 즐기며 지역사회 구성원 모두가 교육의 즐거움과 가치를 공유하는 축제의 장을 마련했다. 이를 통해 서당은 학습의 즐거움을 나누고 교육 공동체의 유대감을 강화하는 뜻깊은 교육 문화를 만들어 갔다. 개접과 파접은 학부모와 지역 주민들이 참여하는 성대한 시문 경연의 장이 되어, 교육에 대한 사회적 관심을 높이는 계기가 되었다. 이와 더불어 책씻이 행사에서는 학생의 학업 성취를 축하하고 격려하는 한편, 훈장과 학동들, 그리고 동네 어른들이 함께 어울려 음식을 나누며 서당을 중심으로 한 끈끈한 정을 쌓아 갈 수 있었다. 이렇듯 서당의 다양한 풍속은 조선 후기 지역사회의 문화적, 사회적 중심지로 발돋움하는 데 기여하였다.

서당의 놀이

18-19세기 서당은 학습자의 폭을 넓히고 교육 내용과 방식의 다양화를 가져왔는데, 놀이는 이러한 변화의 핵심에 있었다. 당시 서당교육은 아동의 흥미와 적성을 고려한 실생활 중심의 교육으로 나아가고 있었다. 서당의 놀이는 학습에 지친 학생들

에게 즐거움과 생기를 불어넣는 동시에, 자연스레 지식을 습득하고 덕목을 체화할 수 있도록 하였다. 훈장과 생도의 우두머리인 접장接長이 주도하고 학동들 간에도 즐겨 행해진 이 놀이들은 단순한 오락이 아니라 언어능력과 인지능력, 사회성 등을 기르는 종합적인 학습활동이었다. 서당의 놀이는 대단히 다양하지만, 여기에서는 교육적 효과를 지닌 학습놀이를 중심으로 살펴보고자 한다.

한자와 시문 이해를 도모한 놀이

한자와 고전에 대한 이해를 돕는 서당놀이로 '초중종놀이'와 '글자맞추기 놀이'가 있다.

먼저, 초중종놀이는 사운희射韻戲라고도 불리며, 시구를 구성하는 '운韻'자의 위치에 따라 첫 운자初, 중간 운자中, 마지막 운자終를 맞추어 가며 한시를 암기하고 창작하는 학습놀이다. 매 국면 새로운 운자를 도입해 학생들이 연상하고 조합하는 방식으로 진행되며, 이를 통해 시의 형식미와 율격을 직관적으로 익히고 시구 암기의 폭을 넓혔다. 놀이 규칙은 다음과 같았다.

○ **첫 운자**: 훈장이 첫 운자로 '물 강江'자를 제시한다.
　　그러면 생도가 '강벽조유백江碧鳥逾白'과 같이 '물 강

江' 자로 시작하는 시구로 대답한다.

- ○ **중간 운자**: 훈장이 중간 운자로 '꽃 화花' 자를 제시한
  다. 그러면 생도가 '산청화욕연山青花欲然'와 같이 '꽃
  화花' 자가 중간에 포함된 시구로 대답한다.
- ○ **마지막 운자**: 훈장이 마지막 운자로 '지날 과過' 자를
  제시한다. 그러면 생도가 '금춘간우과今春看又過'와
  같이 '지날 과過' 자가 마지막에 들어가는 시구로 대
  답한다.

한편 글자맞추기 놀이는 훈장이 글자를 묘사하면 학생들
이 그에 맞는 한자를 맞히는 방식으로, 부수나 모양, 소리, 뜻
등 한자의 다양한 속성을 수수께끼로 출제하여 한자에 대한 심
층적 이해를 도모하였다. 이 과정에서 학생들은 한자의 조자造
字 원리를 자연스레 체득하고 유사 글자들 사이의 미묘한 차이
를 식별하는 관찰력을 기를 수 있었다. 예를 들어, '사람 인人 변
에 두 이二가 있는 글자'를 물으면 '어질 인仁'이, '입이 셋 있는 글
자'는 '품수 품品'이 정답이 된다. 이는 마치 수수께끼 같아서 학
생의 상상력과 추리력을 자극했다. 좀 더 복잡하고 수준 높은
문제도 있었다.

○ **한자 요소들의 공간적 배치를 묻는 경우**: '왼쪽에 일곱 칠七 자, 오른쪽에 일곱 칠七 자, 옆으로 누인 뫼 산山 자, 완전히 뒤집은 뫼 산山 자가 있는 글자'라고 물으면, '며느리 부婦'가 정답이다.

○ **한자의 뜻을 바탕으로 조합하여 묻는 경우**: '물고기와 양이 함께 있는 글자'라고 물으면, '물고기 어漁' 자와 '양 양羊' 자가 결합된 '고울 선鮮'이 정답이다.

이처럼 초중종놀이와 글자맞추기 놀이는 단순 암기식 학습의 지루함을 넘어, 흥미로운 언어유희를 통해 고전 지식의 내면화를 이끌어 낸 서당 교육의 창의적 방법이었다. 나아가 학생들의 상상력과 사고력을 이끌어 내는 데도 기여하였다.

벼슬과 관직 이해를 도모한 놀이

서당에서는 학동들의 벼슬과 관직에 대한 이해를 제고하기 위하여 '승경도놀이'와 '원놀이'를 적극 활용하였다. 이들 놀이는 관료제와 통치 과정에 대한 지식과 통찰을 함양하는 데 도움을 주었다.

먼저, 승경도놀이는 종정도從政圖놀이, 종경도從卿圖놀이라고도 불리며, '벼슬길에 오르는 그림'이란 뜻의 '승경도陞卿圖'를 바탕으로, 윷놀이 방식을 차용하여 관직 서열의 학습과 출세 과정의 간접 체험을 도모한 학습놀이였다. 놀이판에는 조선시대 중앙과 지방의 주요 관직명 300여 개가 품계별로 기재되어 있어, 학동들은 관직 구조에 대한 거시적 이해와 함께 실제 관료제 운영의 감각을 익힐 수 있었다. 놀이판에는 300여 개의 관직명이 품계별로 기재되어 있어, 중앙의 정1품부터 종9품까지, 지방 외관직의 감사, 병사, 수령 등을 두루 망라한다. 학동들은 윷가락을 던져 말을 이동시키며 최고위 관직에 도달하는 것을 목표로 한다. 게임 중간에는 특정 관직에 도착하면 상벌이 주어지기도 한다. 가령 정3품 당상관에 도착하면 한 번 더 윷을 던질 수 있고, 반대로 파직 칸에 들면 관직에서 쫓겨나는 것이다. 2-4명이 편을 나누어 하는 이 놀이는 관직 구조에 대한 거시적 인식과 함께, 실제 관료제의 운영 감각을 익히는 데 도움이 되었다. 학동들은 300여 개에 이르는 관직명을 자연스럽게 습득하고, 성공과 실패의 기회가 공존하는 관료제의 노정을 간접적으로나마 느낄 수 있었다.

한편 원놀이는 사또놀이, 양반놀이, 감영監營놀이라고 불리며, 학동들이 지방관아의 원님과 백성이 되어 통치와 송사 해결 과정을 모의 체험하는 놀이였다. 접장이나 영리학 학동이 원님 역할을, 여타 학동들이 백성 역할을 담당하며 소통과 민원 해결의 절차를 익혔던 것인데, 이는 백성을 대하는 원님의 태도와 판결의 적절성을 직접 체감하며 통치자의 자질과 책임의식을 함양하는 효과적 교육방법이었다.

원놀이에서 특기할 만한 점은 원님과 백성의 역할 수행 과정에서 학문적 능력의 발휘가 중시되었다는 사실이다. 백성 역할의 학동 중 글재주가 뛰어난 이에게는 과거시험을 치르게 하여 통치 역량과 학문 능력의 연계성을 확인토록 했다. 이는 조선시대 학문과 정치의 불가분성을 반영하는 동시에, 원놀이가 단순한 흥미 위주의 놀이가 아닌 교육의 장으로 인식되었음을 방증한다.

나아가 원놀이에서는 지역 현안과 사회문제를 주요 소재로 다루어 민본정신의 이념적 토대를 학동들에게 내재화하는 계기로 삼기도 하였다. 즉, 놀이 과정에서 지배자로서 원님과 피지배자로서 백성이라는 고정 관념을 탈피하고, 백성들의 목소리에 귀 기울이는 민본 행정의 이상을 자연스럽게 체득할 수 있었다.

이처럼 승경도놀이와 원놀이는 관료제의 구조와 운영 원리를 습득하고, 역할극을 통해 위민 행정과 민본 정치의 요체를 자연스레 내면화하는 기제로서 작동하였다.

지리와 명승고적 이해를 도모한 놀이

서당의 학동들이 우리 국토지리와 문화유산에 대한 지식을 학습할 수 있도록 '고을모둠놀이'와 '남승도놀이'를 활용하였다. 이들 놀이는 지역과 명승지에 대한 정보를 단순 암기하는 것이 아니라, 놀이의 과정에서 자연스럽게 체득되도록 하여 향토애와 문화적 소양을 함양하는데 기여했다.

고을모둠놀이는 조선의 행정구역인 고을의 이름과 위치를 파악하는 놀이로, 남승도놀이를 하기에 앞서 어린 학동들 사이에서 주로 행해졌다. 놀이의 기본 방식은 다음과 같다.

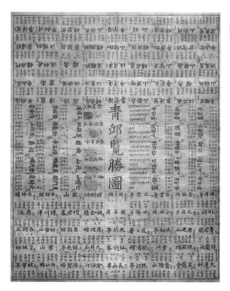

그림 18 《청구남승도青邱覽勝圖》, 국립민속박물관 소장

○ 먼저 둘 이상의 학동이 모여 한문책의 아무 쪽이나 펼쳐놓고, 각자 고을 이름으로 쓸 만한 한자를 한 글자씩 찾아낸다. 그 한자에 자신이 알고 있는 다른 한자를 조합해 두 글자로 된 고을 이름을 완성해 종이에 적는다.

○ 예를 들어, 첫 자가 '도울 부扶' 자이면 부여扶餘, '공평할 공公' 자이면 공주公州, '편안할 영寧'이면 영월寧越로 쓰도록 한다. 이렇게 각자 알고 있는 고을 이름을 모두 적고 나면, 책을 덮고 가장 많은 고을 이름을 적은 사람이 이기게 된다.

또한 고을 이름은 당시의 행정지명을 기준으로 하므로, 옛 지명을 사용하면 감점 대상이 되었다. 이는 고을의 명칭뿐 아니라 그 연혁과 변천사까지 알아야 한다는 의미였다. 이처럼 고을모둠놀이는 지명 암기를 넘어 지역의 역사적 맥락까지 익히게 함으로써 종합적 향토 이해의 기회가 되었다.

남승도놀이는 전국의 명승지를 가상 유람하는 놀이로, 주로 청소년과 선비들 사이에서 유행했다. 고을모둠놀이를 통해 사전 훈련을 쌓은 뒤 본격적으로 하게 되는 놀이였다. 남승도覽勝圖란 '명승지를 유람하는 도표'라는 뜻으로, 놀이판에는 전국 각

지의 명소들이 그려져 있다. 놀이의 방식은 아래와 같다.

○ 참가자들은 모두 6명으로, 시인, 한량, 기생, 중, 농
  부, 어부의 역할을 맡아 출발지에서 윷을 던져 말을
  이동시킨다. 윷의 결과에 따라 각자의 말은 전국의
  명승지를 하나씩 거쳐 가며 관광을 즐기고, 가장 먼
  저 출발지로 돌아온 사람이 이기게 된다.
○ 이 과정에서 특정 장소에 도착하면 해당 역할에 걸
  맞은 특전이나 불이익이 주어지기도 한다. 예컨대
  한량이 진주 촉석루에 도착하면, 임진왜란의 격전
  지였다는 이유로 특권이 주어져 다른 참가자들은
  자신의 획득 점수를 모두 한량에게 바쳐야 한다. 반
  면 기생이 머무는 곳에 중이 도착하면 다음 차례를
  양보해야 하는 식이었다.

또 남승도에는 한라산이나 울릉도 등 특정 지점에 함정을
설정해두어, 예측 불허의 긴장감을 맛볼 수 있었다. 이러한 남
승도놀이는 각 지역의 지리적 특징과 전통, 역사적 사건, 설화
등을 입체적으로 익히는 문화사 교육의 장으로 기능하였다. 아
울러 시인, 중, 기생 등 다양한 계층의 시선을 경험함으로써 폭

넓은 세계 이해와 포용력을 기르는 데도 기여하였다.

요컨대, 고을모둠놀이와 남승도놀이는 우리 땅과 역사에 대한 총체적 관심과 애정을 고취하고, 문화유산 속에 담긴 조상들의 정신을 계승·발전시키려 한 놀이였다. 특히 남승도놀이는 가상 여행을 통해 조국 산천을 유람하는 심미적 체험과 풍류의 즐거움까지 선사하였다.

이상에서 살펴본 바와 같이 서당의 다양한 학습놀이는 단순한 오락이 아니라 지식 습득과 덕목 함양을 위한 종합적 교육활동이었다. 초중종놀이와 글자맞추기 놀이는 흥미로운 언어유희를 통해 한자와 고전에 대한 심층적 이해를 이끌어 냈고, 남승도놀이와 원놀이는 관료제의 구조와 민본정신을 자연스럽게 내재화하는 계기가 되었다. 또한 고을모둠놀이와 남승도놀이는 지역 문화와 역사, 국토애를 익히는 향토교육의 장으로 기능하였다. 이처럼 서당의 학습놀이는 지식, 덕목, 실천력을 함께 기르며 학습자의 전인적 성장을 도모했다.

3

20세기 서당:
전통과 근대의 기로

근대 교육의 수용과 식민지 시대의 서당

근대학교의 설립과 서당의 개량

1867년, 강화도조약을 체결하고 서구 열강과의 교역이라는 새로운 길로 발을 내디뎠다. 그러나 이는 동시에 제국주의 세력의 거센 침략 위협과 맞닥뜨리는 순간이기도 했다. 조선은 이에 맞서기 위해 개화정책이라는 과감한 변화의 깃발을 들었다. 하지만 이는 보수 유생들의 완강한 저항에 부딪혔고, 개화의 길은 험난하기만 했다. 새로운 시대에 필요한 인재 양성을 위해서는 교육 개혁이 시급했다. 낡은 교육의 틀을 과감히 벗어던지고,

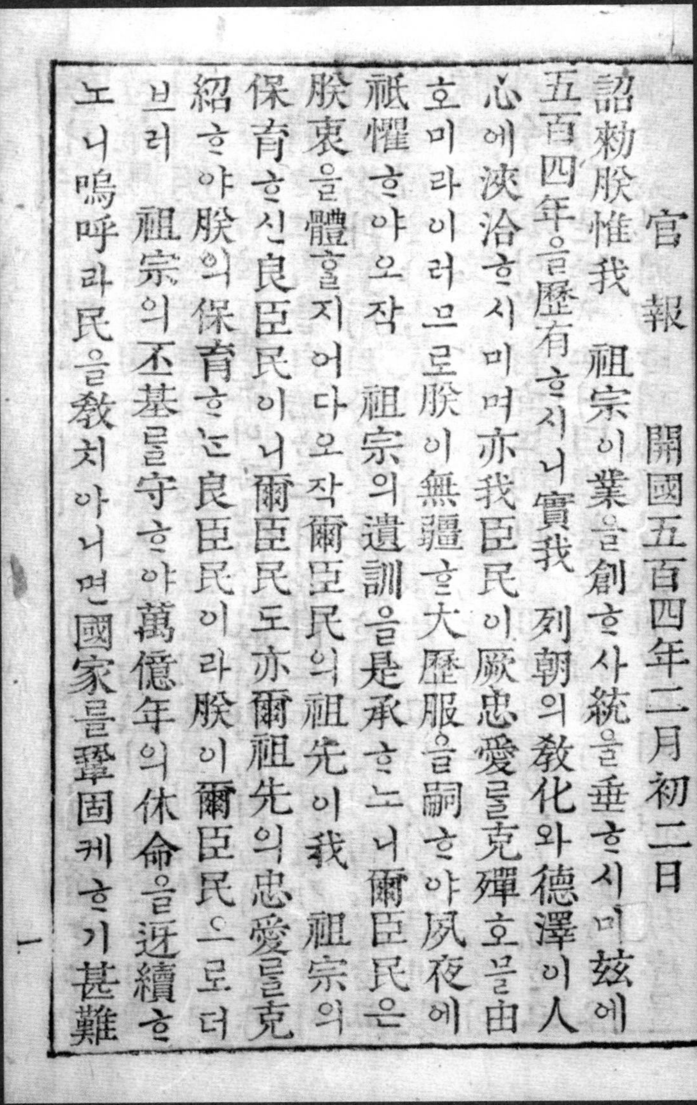
官報　開國五百四年二月初二日

詔勅朕惟我　祖宗이業을創ᄒᆞ사統을垂ᄒᆞ시미玆에
五百四年을歷有ᄒᆞ시니實我　列朝의敎化와德澤이人
心에浹洽ᄒᆞ시미며亦我臣民이厥忠愛를克殫호믈由
호미라이러므로朕이無疆ᄒᆞᆫ大歷服을嗣ᄒᆞ야夙夜에
祗懼ᄒᆞ야오작　祖宗의遺訓을是承ᄒᆞᄂᆞ니爾臣民은
朕衷을體ᄒᆞᆯ지어다오작爾臣民의祖先이我　祖宗의
保育ᄒᆞ신良臣民이니爾臣民도亦爾祖先의忠愛를克
紹ᄒᆞ야朕의保育ᄒᆞᄂᆞᆫ良臣民이라朕이爾臣民으로더
브러　祖宗의丕基를守ᄒᆞ야萬億年의休命을迓續ᄒᆞ
노니嗚呼라民을敎치아니면國家를鞏固케ᄒᆞ기甚難

一

그림 19 『관보(1894-1910)』, 「교육입국조서」, 국립중앙도서관 소장

새로운 시대에 걸맞은 교육 시스템을 구축해야만 했다.

개화파는 정부 기관지인「한성순보漢城旬報」를 통해 서양의 근대 교육 제도를 상세히 소개하며 기존 교육 체제에서 벗어날 것을 강조하였다. 이후 조선 정부는 영어 교육 기관인 동문학同文學(1883)과 육영공원育英公院(1886)을 설립하여 서양 문화를 교육하려 했으나, 학생들의 무관심과 운영 부실, 재정난 등의 이유로 실패하였다. 이에 조선 정부는 1894년 갑오개혁을 통해 근대 교육 제도를 본격적으로 정착시키려 하였다. 과거 제도 폐지와 신분제 타파와 함께 '학무아문學務衙門'을 설치하여 학교 정책과 교육 업무를 독립적으로 관리하도록 하였다. 1895년 고종은「교육입국조서」를 반포하여 근대적인 학교 제도와 규칙을 제정하고, 한성사범학교를 시작으로 서울과 주요 도시에 소학교를 설립했으며, 1899년에는 중학교도 설립하였다. 또한 외국어학교, 법관양성소, 경성의학교 등 실무 교육기관도 설립하였다.

정부의 노력과 더불어 민간에서도 근대 교육의 성립을 위한 다양한 움직임이 나타났다. 선교사들에 의해 설립된 근대 교육 기관으로는 아펜젤러Appenzeller의 배재학당(1885), 언더우드Underwood의 경신학교(1886), 스크랜턴Scranton의 이화학당(1886) 등이 있다. 선교사들은 이들 학교를 통해 신분 평등과 남녀 평등 사상을 전파하며 민중의 평등 의식과 민권 의식을 고취시켰다.

다른 동양권 국가들처럼 조선에서도 선교사들이 의료 활동과 함께 근대 교육 운동을 선도적으로 실시하였다. 그러나 우리나라의 경우, 선교사가 아닌 우리 손으로 설립한 최초의 근대 학교가 있다. 바로 원산학사元山學舍(1883)이다. 원산은 부산, 인천과 함께 주요 항구 도시로, 당시 개항과 함께 일본 상인들이 치외법권 등의 조항을 내세워 경제 침투를 강화하고 있었다. 이러한 일본 제국주의의 침략에 대응하기 위해, 외국어, 상업 지식, 법률 등 신학문과 무예를 갖춘 인재를 양성하기 위해 설립된 학교였다. 원산학사는 정부의 개화정책 이전에 지역 주민들에 의해 설립된 최초의 근대 학교였다. 외국의 근대 학교를 모방한 것이 아니라 전통 서당의 개량을 통해 발전된 형태였다는 점에서 주목할 만하다.

원산학사와 같이 전통 서당을 개량서당으로, 개량서당을 다시 근대 학교로 전환한 사례는 매우 특수한 경우였다. 갑오개혁 이후에도 조선인 상당수는 근대 교육에 대해 이해가 부족하거나 거부감을 나타내고 있었다. 이러한 현상은 교육자이자 독립운동가인 남궁억南宮檍(1863-1939)이 1907년 현산학교峴山學校를 설립할 때에도 나타났다.

남궁억 선생이 학생을 모집하려고 가정을 방문하였으

나 자녀를 자발적으로 보내는 가정은 없었다. 자진 입학 권유가 효과가 없자, 부모들에게 자녀를 의무적으로 보내도록 설득해야 했다. 그러나 많은 백성은 자녀를 한문 글방으로만 보내려 했다. 학생 모집 중에는 학교에 이름만 걸어두고 아침에 얼굴만 내밀다가 다시 한문 글방으로 돌아가는 학생들을 붙잡아 가르치기도 했다. 일부 부모는 자녀를 멀리 친척 집에 보내 한문 글방에 다니게 하거나, 양학洋學을 배우면 눈이 노랗게 변한다거나 혀가 꼬부라진다는 등의 근거 없는 소문을 퍼뜨리며 반대하였다.

– 김세한, 『한서 남궁억 선생의 생애』

이와 같은 서당과 근대 교육에 대한 이해 부족은 일제강점기인 1920년대에도 지속되었다. 자식을 서당 대신 근대 학교에 보내면 예의도 윤리도 모르는 경박한 인간이 된다고 생각하였고, 보통학교 졸업 후에는 부모의 말을 듣지 않고 뜻만 높아져 농사일이나 육체노동을 기피한다는 인식이 있었다. 심지어 재물 문제로 사기를 치다 감옥에 가는 사람들 중 상당수가 근대 교육을 받은 이들이라는 주장까지 있었다. 이는 전통적인 농업 사회의 인식에서 벗어나 산업화 사회를 추구하는 근대 교육의 가치관이나 직업관을 수용하기 어려웠기 때문일 것이다. 다음은 당시 조선인들의 일제 보통학교에 대한 거부감을 보여 주는 신문 기사이다.

「십년 전 세상, 나의 10세 전후(1)」 경성개벽사 박노아 (25세)

"숨어라 숨어라! 순검 잡으러 올라!" 순사나 헌병보조원들이 자기 키만 한 장검을 들고 동네 밖에서 번쩍이기만 해도, 이 소식은 각 서당에 순식간에 퍼졌다. 그럴 때마다 서당에서는 일대 소동이 벌어지며, 어린 학생들은 고양이 만난 쥐처럼 피난처를 찾느라 바빴다. 장검을 앞세운 면서기나 군청 직원들이 시시때때로 서당을 습격해 아이들을 잡아가는 까닭에, 아이들은 끌려가 머리를 깎는 것이 죽기보다 싫었다. 학교에 다니면 일본 군인으로 뽑혀갈 거라는 두려움 때문에 학교라면 경기를 일으켰다. 그런 시기에 나는 소위 '개화꾼'의 집에서 태어나 열 살 때 벌써 보통학교 2년급이 되었다. 그때는 자식까지 둔 어른들이 수두룩한 학교에서, 제일 어린 나는 동무들 사이에서 귀염을 받았다.

– 『동아일보』, 1930년 4월 2일

일제는 〈조선교육령〉(1911)을 통해 '모든 조선의 아동을 일본의 충량忠良한 신민臣民으로 만들겠다'는 야욕을 노골적으로 드러냈다. 여기서 '충량한 신민'이란 일제의 통치에 의문을 제기하지 않고 오직 충성과 복종만을 다하는 존재를 뜻한다. 이는 조선인의 민족의식을 말살하고 일본 제국의 지배를 공고히 하기 위한 수단이었다. 이러한 목적으로 일제는 조선의 학령기 아동들을 강제로 보통학교에 취학시키고자 했다. 그러나 물리적으로 보통학교에서 모든 취학 아동을 수용할 수 없었다. 당시 상황은 지원자의 약 3분의 1만이 보통학교에 간신히 입학할 수 있는 상황이었다.

반면 서당의 경우 엄청난 성장세를 나타내고 있었다. 1911-1916년까지의 6년 동안 서당의 수는 1만 6천여 개에서 2만 5천여 개로, 학생 수는 14만 1천여 명에서 약 26만 명으로 증가하였다. 사실 이러한 서당의 급성장은 양적 증가만이 아니라 서당이 항일 애국적인 성격으로 변화한 것도 담고 있었다. 이 시기 서당들 상당수가 애국지식인과 민중에 의해 설립되어 항일 민족 교육 기관의 성격을 갖춘 것들이었다. 전통적인 한문 교과뿐만 아니라 우리 말과 우리의 역사, 지리, 산술 등의 교과를 교육하여 학생들에게 근대 지식을 전수함과 동시에 민족의식을 고취시켰다. 사실상 서당의 개량이 서당 내부에서 자발적으로 진행되는 상황이었다. 예를 들어, 한일병탄(1910)이 이루어지기 직전에 실린 「사숙개량의私塾改良議」라는 논설을 보면 이를 확인할 수 있다.

아, 이 시대가 어느 시대인가? 풍운風雲이 완전히 변하고 천지가 새로 열려 대문명의 빛이 동서에 비치며, 대분투의 활극이 세계를 가로지르는 시대가 아닌가. … 그런데 이 시대에 『중용』과 『대학』을 끌어안고 … 『통감』과 『고문진보古文眞寶』를 읽으며 "이 외에 더 배울 것이 없다"라고 하는 사람은 미친 사람이 아니면 꿈꾸는 사람일 것이다. 안타깝게도, 지금까지 한국의 인재를 가두고 민력을 쇠약하게 만든 한문 사숙이 지금도 그 뿌리를 뻗어 신교육의 흐름을 방해하고 있다. … 그래서 우리는 여기서 사숙 개혁안을 제안한다. … 사숙을 운영하는 사람들이 함께 … 사숙 제도를 개혁하여 한문 서적만 가르치지 말고 신학문에 관한 교과를 도입하며, 한자 연구를 전적으로 의지하지 말고 신지식이 있는 교사를 초빙하여 국내외 지리, 역사, 국어, 산술, 체조 등의 기본이라도 가르쳐 신교육의 혜택을 받도록 하라.
– 『대한매일신보』 1910년 5월 7일

이에 총독부는 서당의 존재와 확산을 경계했지만, 이를 활용하는 방안을 구상하였다. 서당을 갑자기 타파하기보다는 이를 활용하여 일본어와 일제의 가치관을 교육하는 것이 좋다고 판단했다. 그래서 일제는 「서당규칙」(1918)을 통해 서당의 설비, 교육 내용, 교수법에 심각한 문제가 있다면서 고루한 서당을 개량하겠다고 공표하였다. 하지만 이는 '서당 개량'이라는 미명 아래 식민지 지배의 도구로 활용하기 위함이었다. 보통학교로의 입학률이 낮은 상황에서 사립학교들이 일제의 탄압을 피하기 위해 서당으로 전환하였기 때문에, 서당에 대한 통제가 절대적으로 필요하다고 판단한 것이었다.

먼저, 서당에서 식민지 민중을 동화하는 데 필요한 일본어 교육을 강제하였다. 다음으로, 일제의 가치관을 교육하고자 서당의 교사와 교재를 통제하였다. 민족주의적 성향을 지닌 서당 훈장을 감시하고 지도하며, 일제의 가치관과 어긋나는 교재를 검열하여 사용하지 못하도록 하였다. 예를 들어, 경기도 수원군 음덕면에서 북양서당北陽書堂을 설립·운영한 백남운은 학생들에게 애국하는 길을 교육하다가 발각되어 탄압을 받기도 했다. 또한 서당의 가장 기본적인 교재인 『동몽선습』도 한국사 부분이 실려 있다고 하여 서당에서 금지시켰다. 사실상 일제의 '서당 개량'은 교육의 근대적 개량이 아니라 식민지배를 위한 개량이었다. 더군다나 일제는 '서당 개량'을 통해 서당을 보통학교 아래에 편제함으로써 그 위상을 대단히 약화시켰다. 이는 서당이 다양하고 폭넓은 역할과 성격을 가지고 있었음에도 불구하고, 일제가 서당을 초등 교육을 보조하는 기관으로 제한하려 했음을 보여 준다.

서당의 민족교육과 일제의 탄압

일제의 탄압정책에도 불구하고 서당은 민족교육기관으로서의 역할을 지속하였다. 「서당규칙」이 공포된 이듬해인 1919년 3·1운동과 그 이후의 만세운동에는 상당수의 서당 훈장들과 학생들이 주도적으로 참여하였다. 전국 각지에서 훈장들이 만세운동을 위한 격문을 작성하고, 서당에서 태극기를 제작하였다. 실제로 경남 창원군 진전면의 변우범 훈장은 서당에서 태극기를 제작하여 주민들에게 배포하기도 하였다.

3·1운동 당시 전국에서 독립운동이 일어난 75개 학교 중 12곳이 서당이었으며, 체포된 1만 9525명 중 3754명이 서당 교육을 받은 인물이었다. 이는 서당 출신들이 3·1운동을 전국적으로 확산시키는 데 큰 역할을 했음을 보여 준다. 대표적인 예로 강원도 원주군 소초면 둔둔리서당의 훈장 박영하朴英夏를 들

수 있다. 그는 4월 5일의 만세운동을 계획하고 청년들을 규합하였으며, 만세운동 전날에는 "노예로 사는 것이 죽음보다 좋을쏘냐? 죽음 속에서도 삶의 길을 찾으리라"라는 내용의 격문을 배포하였다. 당일에는 직접 면사무소에 가서 면장에게 독립만세를 외치라고 요구하였고, 거절당하자 스스로 선두에 서서 군중들의 호응을 이끌어 냈다.

이뿐만 아니라, 서당 훈장으로서 독립운동에 직접 참여한 이들도 있었고, 서당에서 민족교육을 위한 야학운동을 벌이는 이들도 있었다. 1장에서 언급하였듯이, 경북 영주 무섬마을의 '아도서숙'은 항일운동을 주도하기도 했다. 이 외에도 많은 서당 훈장들이 파리장서운동에 참여하였다. 이 운동은 제1차 세계대전을 마무리하는 과정에서 열린 파리 강화 회의에 한국 유림 대표 137명이 연명으로 독립을 국제 사회에 청원하는 서한을 작성한 것이다. 이 가운데 경남 밀양 자암서당紫巖書堂의 훈장 노상직盧相稷(1855-1931)과 제자 13명이 함께 서명한 것은 주목할 만하다.

서당이 민족교육의 장소로 활용됨에 따라 일제는 서당에 대한 통제를 강화하기 시작했다. 1929년, 기존의 「서당규칙」을 개정하여 서당 운영에 더 엄격한 기준을 적용하고, 1930년대에는 전국적으로 서당 폐쇄 명령을 여러 차례 내렸다. 허가 없는 서당은 경찰이 폐쇄하였고, 인가제를 시행하여 서당 신설을 매우 어렵게 만들었다. 또한 서당 정원을 30명으로 제한하고 이를 초과한 서당에 제재를 가했다.

일제는 다양한 구실을 들어 서당을 폐쇄하였다. 예를 들어, 목포 남교동서당은 학생이 190여 명에 이르는 대규모 서당이었는데, 수신修身 시간에 일제의 가치관과 어긋나는 계급투쟁 의식을 가르치고 "왜 우리는 가난한가?, 앞으로 어떻게 해야 하는가?"와 같은 시험문제를 출제하여 교사 3명이 검거된 후 폐쇄되었다. 또한, 강원도 철원군 어운면의 전기범이라는 서당 교사는 제자들에게 민족주의 의식을 고취하는 작문을 짓게 하고 이를 실천하게 했다는 이유로 기소되어 징역 8개월을 선고받았다. 이처럼 일제의 강력한 통제 정책에도 불구하고, 우리 민족의 정체성을 지키려는 선각자들의 애국 정신과 교육 활동이 서당을 통해 발현되었다.

그러나 1930년대 이후 일제의 강력한 탄압으로 서당의 수는 급격히 감소하게 되었다. 서당을 '부패한 한문 교육을 담당하는 낡은 교육기관'이자 '초보적인 아동 교육기관'으로 보는 잘못된 인식만이 남겨졌다. 이러한 일제강점기의 잘못된 인식은 해방 이후에도 지속되어, 서당을 민족교육의 요람이자 항일독립운동의 구심점으로 보지 않고 시대에 뒤떨어진 교육기관으로 평

그림 20 경남 밀양 자암서당紫巖書堂

연결될 수 있는지도 살펴볼 수 있다. 이제 자암서당을 통해 서
당의 일상을 들여다보도록 하겠다.

자암서당의 일상

자암서당의 교육철학

자암서당의 훈장 노상직은 1899년 3월 21일 제자들에게 다

음과 같은 시를 지어 보여 주었다.

> 훌륭한 명성은 벗의 충고에 달려 있으니
>
> 令名蓋在友之爭
>
> 서로 사귐에 있어 어찌 영합할 수 있으리오.
>
> 相接那會事合迎
>
> 말과 행동을 기록해 바로잡고 경계하여
>
> 籍記云爲規且警
>
> 잠시라도 악한 마음 생기게 하지 말지니.
>
> 須臾勿使惡心生

－『자암일록紫巖日錄』(1899. 3. 21.)

이어서 그는 "장부 하나를 마련해야겠다. 매일 각자의 선악을 기록하여 악을 없애고 선을 좇는 데에 도움이 되도록 해야겠다. 또한 일을 처리하는 방식과 사람을 대하는 태도도 함께 기록하여 그것의 적절함을 검토할 수 있도록 해야겠다"라고 말하였다. 자암서당의 일지인『자암일록』은 이렇게 탄생하였다. 이『자암일록』은 지금까지 알려진 서당에 관한 가장 상세하고 구체적인 기록이다. 매일 생도 중 1명이 당번인 직일直日을 맡았다. 직일은 노상직을 포함한 생도들의 일상과 서당 생활을 빠짐

없이 기록했다. 전체 일지의 분량은 상당할 것으로 보인다. 그러나 현재는 자암서당 초기 약 2년간(1899.3-1900.12)의 기록만 남아 있다. 그러나 이 자료는 마치 눈앞에 펼쳐 보인 듯 서당의 일상을 너무도 생생히 보여 준다는 점에서 매우 귀중한 가치를 지니고 있다.

노상직은 29세(1883)부터 생을 마칠 때까지 거의 50년에 가까운 기간 동안 서당교육에 헌신하였다. 개항 이후 신학문 전파를 위한 근대교육기관이 설립되고 과거제가 폐지되는 등 전통적인 서당교육의 실효성이 약화되는 상황에서도, 그는 서당교육을 포기하지 않았다. 1905년 을사늑약으로 일제가 대한제국의 외교권을 강제로 빼앗았을 때에도 노상직은 "나라가 이 지경에 이르렀는데도 되찾기 위한 계책을 도모하지 못하고 있으니 평소 배운 학문이 모두 헛된 것이겠지만, 배우러 온 제자들을 돌려보내지 않는 것은 우리 조선의 근본인 유학의 맥을 잇기 위해서이다"라며 굳건한 의지를 보였다. 심지어 1910년 일제의 국권 침탈로 대한제국이 멸망한 뒤에도 그는 아래와 같이 말하며 서당 강학을 이어가고자 했다.

우리들의 운명이 불행하여 고국의 역사를 지키지 못하였으므로 살아 있어도 살아 있는 것이 아니고, 학문을 해도 학문이 될 수 없다. 이미 죽을 자리를 얻지 못하였으니, 오히려 마땅히 우리 선왕先王께서 교육으로 자강自强을 꾀한 방책을 지켜야 할 것이다.

　　　　　　　　　　　　　　　　　－ 『소눌선생문집小訥先生文集』

　이처럼 노상직에게 서당교육은 단순한 지식 전달이 아니라, 격동의 시대에 사라져가는 조선의 정신적 뿌리인 유학을 이어 감으로써 구국救國의 희망을 지켜 내려는 노력이었다. 다시 말해, 민족 정체성과 정신을 지켜 민족 재건의 토대를 마련하고자 한 숭고한 사업이었던 것이다. 이 점은 노상직이 서당의 이름을 '자암紫巖'이라 지은 이유에서도 분명하게 확인된다. 서당 근처에 자줏빛 바위가 있었던 것은 핑계일 뿐, 사실 남송의 명신名臣 장준張浚(1097-1164)의 호 '자암'을 따온 것이었다. 장준은 금金나라와의 화의和議를 거절하고 송나라의 영토 회복을 주장한 인물이었다.

　노상직이 생각한 조선유학의 맥은 '성인의 책을 읽고 그 내용을 몸과 마음으로 익혀 성인이 되는 공부' 즉 '성학聖學'이었다. 이는 아침에 일어나 저녁에 잠들 때까지 도덕적 각성 속에 살아가는 인간상을 추구하는 공부였다. 그것은 고상하고 멀리있는 것을 추구하는 공부가 아니라, 『소학』에서 가르치는 '자신의 주변을 깨끗이 하고 어른의 부름에 잘 응하며 상대방을 맞이하고 배웅할 때의 예절'을 몸과 마음에 완전히 체화하는 공부였다.

노상직은 이러한 기본에 충실할 때 국권 회복이라는 거대 과제를 해결할 수 있다고 믿었다. 하지만 그 기본을 지키는 일은 결코 쉽지 않다. 앞서 제자들에게 보여 준 시에서 언급했듯이 '잠시라도 악한 마음 생기지 않도록' 부단한 자기성찰과 수양을 요구하기 때문이다. 바로 '경敬'의 공부가 요구된다. 이와 같은 '일상에서의 경건함과 예의범절 체득'은 노상직이 평생 굳건히 지켜온 서당교육의 철학이자 운영 원리였다.

노상직이 직접 편찬한 『훈몽첩訓蒙帖』은 자암서당의 교육철학을 구현한 중요한 교재였다. 이 책에는 서당 생활의 규범과 행사 규정, 그리고 학생들의 마음가짐을 바로잡아 주는 여러 잠언이 수록되어 있다. 특히 노상직은 『훈몽첩』에 자암서당의 교훈에 해당하는 「춘첩春帖」을 포함시켰다. 이 시는 서당 대문과 학생들의 거처에 부착되어, 그들이 수시로 마주할 수 있도록 했다.

일찍 일어나 밤이 깊어서야 잠들고

夙興夜寐

마당 안을 물 뿌리고 깨끗이 청소하라.

灑掃庭內

아침부터 저녁까지 온화하고 공손하며,

溫恭朝夕

일을 처리함에 조심하고 성실하게 하라.

執事有恪

네가 꺼내는 말을 신중히 하고

愼爾出話

너의 행동을 경건하게 하라.

敬爾威儀

두 마음을 품지 말고 근심하지 말지니

無貳無虞

하늘이 너를 굽어보고 계시느니라.

上帝臨汝

- 「춘첩春帖」

　　노상직의 「춘첩」은 단순히 학생들에게 행동 규범을 제시하
는 데 그치지 않는다. 이 시는 학생들에게 일상의 모든 영역에
서 도덕적이고 경건한 태도를 견지할 것을 요구하고 있다. 시의
전반부에서는 '근면, 청결, 예의, 성실, 신중함, 경건' 등의 덕목
을 하나하나 열거하며, 이러한 가치들을 생활 속에서 실천할 것
을 강조한다. 하지만 「춘첩」은 이러한 덕목들이 단순히 외적인

규범으로만 준수되어서는 안 된다는 점을 분명히 한다. 시의 마지막 두 구절, "두 마음을 품지 말고 근심하지 말지니, 하늘(上帝)이 굽어보고 계신다"라는 표현은 이 덕목들이 내면의 진실한 신념과 태도로 구현되어야 함을 강조한다. 다시 말해, 도덕적 행위는 다른 사람에게 보이기 위한 것이 아니라, 모든 것을 보고 있는 하늘 앞에서 부끄러움 없는 삶을 살고자 하는 진실한 마음에서 우러나와야 한다는 것이다.

이는 자암서당의 교육이 단순히 겉으로 드러나는 예의범절의 실천에만 그치지 않음을 보여 준다. 「춘첩」은 이러한 외적 규범의 이면에 자리한 경건한 마음가짐, 즉 '경(敬)'의 체득을 학생들에게 촉구하고 있다. 노상직은 학생들이 일상생활 속에서 예의범절을 실천하는 동시에, 그 근간이 되는 경건한 태도를 내면화할 것을 요구하고 있는 것이다. 피상적인 규범 준수를 넘어, 진정한 내적 수양을 통해 덕을 일상에 구현할 때 비로소 성인의 경지에 도달할 수 있다는 것이 그의 교육철학이었다.

노상직은 이와 같은 성학(聖學)의 이념을 근대 이행기의 혼란한 현실 속에서도 굳건히 지켜져야 할 조선 유학의 정수로 파악했고, 이를 서당 교육을 통해 구현하고자 했다. 격변하는 시대를 살아가는 지식인으로서 그가 선택한 실천적 방도는 서당을 통해 성학의 교육철학을 실천하고 성인을 목표로 하는 인재를 양성하는 일이었다. 노상직은 이러한 인재들이야말로 구국을 위한 사회적 실천을 이룰 수 있으리라 확신했다. 이는 '내적으로 성인의 덕을 닦고 외적으로 왕도王道 정치를 구현한다'라는 내성외왕內聖外王의 이상에 대한 믿음이었다. 이를 바탕으로 노상직은 자암서당에서 800여 명이 넘는 제자를 키워 냈다. 그가 자신의 제자 13명과 함께 한국의 독립을 청원하는 '파리 장서'에 서명한 것은 이러한 교육철학과 신념이 구체적 실천으로써의 발현이라 할 수 있다.

물론 노상직의 이러한 교육철학은 당시 현실에서 요구되는 실천 역량을 갖춘 인재를 배출하는 데 있어 일정한 한계를 지닐 수밖에 없었다. 개항 이후 조선 사회가 맞닥뜨린 급격한 변화 속에서 전통 유학의 가치관과 방법론만으로는 새로운 시대의 과제를 효과적으로 해결하기 어려웠기 때문이다. 그러나 당대의 시대적 조류에 완벽히 부응하지는 못했을지언정, 구국을 위해 치열하게 고민하고 실천했던 노상직의 면모 자체는 결코 폄하할 수 없을 것이다. 급격한 서구화와 일제 침략으로 인해 조선의 정체성이 흔들리던 상황에서, 민족 고유의 전통과 윤리를 지켜 내는 일 또한 중요한 과제였기 때문이다. 노상직은 서당 교육을 통해 이러한 문화적 자존심을 지키고 민족 정신을 함양하는 데 기여하고자 했던 것이다.

자암서당의 하루

　자암서당의 하루는 새벽녘 어스름이 걷히고 동이 트기 시작할 무렵, 고요한 적막 속에서 시작된다. 훈장 노상직의 처소인 구사재九思齋를 시작으로, 학생들의 기숙사인 문창재文昌齋, 노화정蘆花亭, 세곡정사細谷精舍, 몽재蒙齋에 이르기까지 하나둘씩 등잔불이 밝혀진다. 학생들은 이부자리를 정리하고 정갈하게 세수를 하고 머리를 빗는다. 옷을 단정하게 입고 정좌하여 전날 배운 내용을 복습한다.

　서당의 인원은 50여 명. 7세 전후의 어린아이부터 30대 장년까지 다양한 연령대가 함께 수학하고 있지만, 대부분은 20대 청년들이다. 아침 해가 떠오르자 그들은 연장자부터 차례로 줄을 서서 읍례揖禮를 한다. 경건한 마음으로 합장하고 허리를 굽혀 예를 표한다. 이내 조용히 식당으로 향하는 발걸음에서는 단정함이 느껴진다. 밥상에 마주 앉은 학우를 향해 공손히 인사를 한 후, 나이 많은 이가 수저를 들기를 기다려 식사를 시작한다. 식사를 마치고 자리에서 일어난 것은 오늘의 당번인 직일直日이 앞으로 나와 「경재잠敬齋箴」을 암송하기 시작한다.

　옷을 단정히 입고, 자세를 바르게 하며,

正其衣冠 尊其瞻視

마음을 가라앉히고, 하늘을 마주 모신 듯 하라.

潛心以居 對越上帝

한 발 한 발 무겁게 디디고, 손놀림은 공손히 하라.

足容必重 手容必恭

…

젊은이들이여, 생각하고 공경하라.

於乎小子 念哉敬哉

먹으로 경계하는 글을 써서, 감히 마음에 고하노라.

墨卿司戒 敢告靈臺

– 「경재잠」

「경재잠」은 주희가 서재의 벽에 써 붙이고 스스로 경계한 '잠箴'을 말한다. 여기서 '잠'이란 '마음에 두는 침針'으로, 곧 자신을 다잡기 위해 자기에게 놓는 치료법이다. 자암서당에서 매일 아침 식사 후 직일이 「경재잠」을 암송하는 시간은 단순히 귀로 듣고 머리로 외우는 의식이 아니다. 그것은 경건한 삶의 태도를 일깨우는 나침반이자, 성현의 가르침을 내면화하는 과정이다. 겸손한 자세로 자신을 성찰하고, 욕심을 경계하며 학문에 정진할 것을 되뇌도록 했다. 이를 통해 자암서당의 학생들은 몸가짐을 바르게 하고, 눈길을 공손히 하며, 한 걸음 한 걸음 무겁게 내딛을 것을, 욕심을 경계하고 경건한 마음을 잃지 않기를 다짐한다.

이처럼 자암서당의 아침은 경건함으로 시작된다. 학생들은 「경재잠」의 가르침을 마음에 새기고 늘 경계하는 자세로 하루를 보내고자 한다. 이는 단순히 지식을 쌓는 공부가 아닌, 몸과 마음을 다스리고 인격을 도야하는 수신修身의 과정이다. 자암서당은 이렇게 성현의 발자취를 좇는 경건한 배움으로 가득 차 있는 도학서당道學書堂이었다.

「경재잠」의 여운이 채 가시기도 전에, 학생들은 다시 강당으로 모여든다. 아침 강독 시간인 조강朝講이 시작되는 것이다. 자암서당에서는 학생들의 수준에 맞는 다양한 교재를 활용하였다. 한자를 막 배우기 시작하는 어린 학동들을 위해서『천자문』,『추구』,『동몽선습』등과 같은 '문자 학습 단계'의 교재들이 사용되었다. 이 책들로 기초를 다진 학생들은『사략』,『통감절요』등과 같은 '해석 단계'의 교재를 통해 한문 해석 능력을 길렀다. 더 나아가『사서오경』,『근사록近思錄』,『심경心經』등 유교 경전의 심오한 내용을 공부하는 단계로 이어졌다. 여기에『이백시집李白詩集』,『두율杜律』등과 같은 시문집,『고경중마방古鏡重磨

方』, 『훈몽첩』 등의 다채로운 책들이 더해져 학생들의 학식을 풍부히 하였다.

매일 이뤄지는 조강에서는 '시독강時讀講'을 통해 학습의 진도 상황을 점검한다. 시독강이란 최근에 읽고 있는 내용을 학생 스스로 암송하고 해석하는 시간이다. 여기서 학생들의 이해도는 통通·조粗·약略·불不의 네 등급으로 평가되며, '불'에 해당하면 다음 단계로 나아가는 것이 허락되지 않는다. 이는 학습의 완성도를 높이기 위함이었다.

자암서당의 점심 식사 후 오후 일과日課는 고시古詩 창작을 중심으로 한 문예 교육에 많은 비중을 두고 있었다. 매일같이 훈장 노상직이 직접 출제한 시제에 맞춰 학생들은 시를 지었고, 그 결과물은 즉석에서 평가를 받았다. 노상직은 시 소재 선정에 있어 학생들의 시야를 최대한 넓히려 노력했다. 서당 안에서 일어나는 일상적 사건부터 특별한 행사, 자연 풍경, 절기 등을 폭넓게 아우르되, 서당 밖의 일이라도 교훈적 가치가 있다면 마다하지 않고 채택했다.

흥미로운 점은 노상직이 중국과 우리나라의 역사적 고사, 특히 자신의 학문적 계보에 해당하는 정구鄭逑(1543-1620)와 관련된 일화를 시의 소재로 자주 활용했다는 사실이다. 이는 시 창작이 단순한 문예 활동을 넘어 역사의식을 함양하고 학통을 계승하는 의미 있는 과정이었음을 말해 준다. 또한 제문祭文을 짓게 하거나 기부에 대한 감사의 뜻을 담은 시를 쓰게 한 것은, 시를 통해 인간관계를 돈독히 하고 사회적 책임을 일깨우려 한 노상직의 교육관이 반영된 결과로 볼 수 있다.

학생들이 지은 시는 연령에 따라 차등을 두어 평가했다. 애초에는 성년과 미성년 학생을 함께 평가하다가, 어린 학생들이 상위 등급을 받기 어려워하자 20세를 기준으로 상재上齋와 하재下齋로 나누어 평가하는 방식을 도입했다. 이는 학구열이 있으나 역량이 부족한 어린 학생들의 의욕을 고취하고, 연령에 맞는 맞춤형 교육을 제공하려는 노력의 일환이었다.

오후 일과가 끝난 뒤에 저녁식사 전까지 학생들은 독서나 서사書寫 활동을 하며 개인적인 성장을 도모하였다. 저녁 식사를 마친 후에는 등잔 아래 모여 앉아 석강夕講을 시작하였다. 석강의 주된 내용은 잠명箴銘을 읽고 해설하는 것이었다. 잠명이란 자신을 경계하고 수양하는 데 도움이 되는 교훈적인 글이다. 자암서당에서는 주로 이황이 엮은 『고경중마방古鏡重磨方』에 수록된 잠명을 사용했다. 『고경중마방』에는 중국 고대 성왕의 글부터 당·송대 명현들의 잠언까지 다양한 글들이 실려 있어, 학생들은 선현들의 지혜를 배우고 내면화할 수 있었다.

석강은 대개 연령순으로 진행되었고, 잠명을 읊기 전에는 반드시 읍례揖例를 행했다. 이는 학문에 임하는 경건한 자세를 일깨우기 위함이었다. 잠명 외에도 『소학』, 『대학』, 『중용』, 『논어』 등의 유교 경전에서 핵심적인 구절을 뽑아 암송하기도 했다.

한편 자암서당에서는 날씨나 기타 사정에 따라 석강을 탄력적으로 운영했던 것으로 보인다. 무더위가 기승을 부리는 여름철에는 매일 하던 석강을 6일에 한 번꼴로 줄이고, 그마저도 너무 더울 땐 임시 휴강하기도 했다. 휴강 때는 잠명 대신 절구나 율시를 짓는 과제를 내주어, 학생들의 문학적 소양을 기르는 기회로 삼았다. 때로는 학생들이 자신의 꿈과 포부를 말하는 시간을 가지기도 하였다. 이를 통해 학생들은 서로의 생각과 가치관을 공유하며 견문을 넓혔다.

- **합**: 조정의 높은 자리에 올라 소인이 멀리 도망가고 군자가 뜻을 이루도록 하고 싶습니다.
- **우상**: 열심히 공부하여 천하 제일의 인물이 되고 싶습니다.
- **우철**: 조정에 나아가 천하의 어지러움을 다스려 안

정시키고 싶습니다.

- **우직**: 항상 학문에 정진했으면 합니다.
- **명주**: 독서에 힘써 선비의 본분을 지키고 싶습니다.
- **기락**: 성군聖君이 다스리는 축복받은 세상을 만나고 싶습니다.
- **우전**: 산골짜기에 거처하며 유유자적하며 살고 싶습니다.
- **후명**: 부자가 되어 많은 벗을 사귀고 싶습니다.
- **재정**: 평생 독서에 힘써 천하의 저명한 인물이 되고 싶습니다.
- **일화**: 입신출세하여 임금을 섬기고 싶은데, 학업이 뛰어나지 못한 것이 유감입니다.
- **기수**: 선비의 길을 걷고 싶습니다.
- **상현**: 부모님께서 오래 사시고 학업에서 성취를 이루고 싶습니다.
- **해종**: 어진 스승을 모시며 바른 마음과 행실을 지키고 싶습니다.
- **건흥**: 큰 고을의 수령이 되어 학문을 발전시키고 싶습니다.
- **승립**: 평생 독서에 힘써 성인이 가르침을 즐기며 실

천하고 싶습니다.

- **용우**: 당대에 명성을 떨치고 싶습니다.

- 『자암일록』(1900. 6. 1)

이렇듯 자암서당의 석강은 엄숙하면서도 유연한 분위기 속에서 이루어졌다. 학생들은 선현들의 잠언을 읊조리고 되새기는 가운데 자신을 성찰하고 심신을 다스리는 법을 배웠다. 또한 배움의 과정에서 서로의 꿈을 확인하고, 앞으로 나아갈 힘을 얻는 소중한 시간이기도 했다.

석강을 마치면 학생들은 나이 순서대로 읍례를 행한 뒤 각자의 거처로 돌아가 취침했다. 한편, 직일 담당 학생은 석강 후 강석에서 제출된 내용을 대조한 후, 학생들의 선행과 악행을 기록한 장부인 『선악적善惡籍』에 기록했다. 이 장부는 학생들의 몸과 마음을 단속하며 성인의 학문을 익히고자 하는 목표를 실현하기 위한 방편이었다. 매일 학도들의 언행을 관찰하여 특별한 선행과 악행이 있으면 이를 선악적에 기록하고, 매달 일정 시기에 이를 점검하여 상벌을 시행했다. 『선악적』은 학생들로 하여금 자신의 행동을 되돌아보고 반성하게 하는 계기였다. 자신의 악행이 기록된다는 사실은 학생들에게 경각심을 불러일으켰고, 언행을 조심하게 만들었다. 반면 선행을 인정받는 것은 학생들에게 긍정적 동기부여가 되었다. 이는 외적 행동뿐 아니라 내적 동기와 마음가짐의 변화를 이끌어 냈다.

  지금까지 보았듯이, 자암서당의 하루는 단순히 지식을 전달하고 예절을 익히는 것 이상의 의미를 지녔다. 이곳에서의 교육은 학생들의 마음가짐과 인격을 변화시키는 것을 궁극적인 목표로 삼았다. 이는 자암서당의 교육철학인 '경敬'의 공부와 맞닿아 있다. '경'은 겉으로 드러나는 예의범절을 넘어, 내면의 경건함과 진실함을 가리킨다.

  자암서당의 하루는 『경재잠』을 암송하며 아침을 맞이하였다. 성현의 가르침을 마음에 새기고 자신을 성찰하는 시간이었던 것이다. 또한, 석강에서 『고경중마방』 등의 잠명을 읽고 해설하는 것 역시 '경'의 정신을 함양하기 위함이었다. 학생들은 선현들의 잠언을 되새기며 자신을 되돌아보았다. 교만함을 경계하고 겸손함을 잃지 않으려 노력하였다. 나아가 선행을 실천하고 악행을 멀리하고자 다짐하였다. 이는 겉으로 드러나는 행동뿐만 아니라, 내면의 수양을 중시하는 자세였다.

  노상직은 학생들이 선현의 가르침을 삶 속에서 실천하며 인격으로 체화되기를 희망했다. 자암서당은 단순한 훈육의 공간이 아닌, 덕망 있는 인재를 길러내는 도학道學의 요람이었다. 이곳에서의 교육은 단순히 출세, 지위, 돈, 명예 등을 얻기 위한 수단이 아니었다. 학생들에게 평생 공부하고 수양하는 선비의 자세와 태도를 심어 주는 것이 자암서당의 진정한 목적이었다. 시대의 혼란과 격변 속에서도 자암서당은 교육의 본질적 목적인 인격의 함양과 가치관의 확립을 향해 나아갔던 것이다.

╋ 나오는 말

서당의 역사와 유산

1866년 병인양요 당시, 프랑스 해군 소위 후보생으로 두 차
례 강화도 침공에 참여했던 장 앙리 쥐베르Jean Henri Zuber(1844-
1909)는 조선에 대해 이렇게 말했다.

> 극동의 국가에서 우리가 경탄하지 않을 수 없고 동시
> 에 우리의 자존심을 상하게 하는 한 가지 사실을 발견
> 할 수 있는데, 그것은 바로 아무리 가난한 집이라도 집
> 안에 책이 있다는 사실이다.
>
> — 『조선원정기』

당시 프랑스에서는 상당수가 문맹이었고, 서적은 일부 특권
층의 전유물이었다. 선진국이라고 자부했던 프랑스와는 달리,
조선에서는 책에 대한 사랑과 문자를 소중히 여기는 전통이 깊
게 자리 잡고 있었다. 쥐베르는 이러한 조선의 문화에 자존심

이 상할 수밖에 없었다. 이는 서당이라는 교육 시스템 덕분이었다. 서당을 통해 누구나 책을 접하고 학문을 배울 수 있었던 것이다.

서당은 조선의 독서 문화를 지탱하는 중심축이었다. 모든 사람이 배울 수 있는 환경을 조성하고, 지식에 대한 접근성을 높인 서당은 조선 사회에 깊이 뿌리내려 있었다. 당시 조선의 교육 환경은 동아시아는 물론이고 유럽의 어느 나라와 비교해도 결코 뒤지지 않았다.

앞서 살펴보았듯이, 서당은 고려 말 사학私學의 전통에서 시작되어 조선시대 전 기간에 걸쳐 사회 변화의 흐름에 능동적으로 적응하고 대응하며 꾸준히 발전해 왔다. 근대로 이행하는 격동의 시기에도 서당은 시대정신을 선도하고 사회적 요구에 부응하는 교육 기관으로서 그 본령을 다하였다. 유교적 가치관의 고양과 인재 양성, 신분제 동요에 따른 질서 유지, 민족정신 계승과 항일 독립운동의 거점 등 서당은 시대가 부여한 다양한 교육적 소명을 성실히 수행해 왔다.

조선 건국 초기에 서당은 민간 교육의 핵심 주체로 부상하였다. 관료 임용의 주요 통로인 과거 제도를 뒷받침하는 인재 양성 기구로서 역할을 하였고, 학식과 덕망을 갖춘 학자들이 서당을 운영하여 개인 수양과 향촌 교화의 장소로 활용하였다.

16세기에 들어 서당은 사림土林이 성장하는 흐름 가운데 새로운 전기를 맞게 된다. 사림들은 성리학적 이념을 심화하고 정치에 적극 관여하며 사회 변혁을 주도해 나가고자 했다. 이 일련의 정신적·사회적 운동의 토대가 된 것이 바로 서당이었다. 당대 최고의 석학들이 교육에 매진했던 퇴계 이황의 도산서당 등은 도학적 이상 실현과 후학 양성을 위한 거점으로 기능하였다. 이들은 강학을 통해 학문적 지평을 확장하고 정치적 비전을 공유하는 한편, 『주자가례』의 생활화와 향약의 보급 등을 통해 향촌 현실에 성리학적 질서를 구현하는 데 진력하였다. 결과적으로 서당은 사림의 성장을 추동하고 조선 중기 사상계의 판도를 뒤흔드는 데 일조하였으며, 그 자체로 하나의 교육 운동이자 사회 운동으로서 자리매김하였다.

17세기, 임진왜란과 병자호란이라는 양란의 참화는 조선 사회에 극심한 동요를 초래했다. 수많은 인명 피해뿐만 아니라 서원과 향교의 피폐, 농지의 황폐화, 신분제의 균열 등 사회 전반에 걸친 위기가 도래하였다. 이에 통치 권력과 재지 사족들은 유교적 교화를 통해 사회질서를 회복하고 민심을 수습하기 위해 노력하였다. 국가 차원에서 서당 진흥책이 추진되었으며, 수령과 유림이 협조하여 서당 설립을 주도하고 재정적 지원도 아끼지 않았다. 이러한 노력 덕분에 서당은 전국적으로 급속히 보급되었고, 양란 이후 혼란한 사회를 재건하는 교육의 구심점으로 자리 잡았다. 특히『소학』을 중심으로 유교 윤리를 교육하고 신분제 질서를 재확립함으로써 17세기 교육계를 대표하는 중추 기관으로 발돋움하였다.

18-19세기, 서당은 신분과 연령을 초월한 보편교육 기관으로서 큰 번영을 이루었다. 교육의 저변이 획기적으로 확대되어 양반은 물론 중인, 상민, 노비에 이르기까지 신분의 제약 없이 교육받을 수 있었고, 학습자의 연령 역시 어린아이부터 성인에 이르기까지 다양했다. 서당은 성별과 신분, 연령에 관계없이 배움에 대한 열정만 있다면 누구나 수학할 수 있는 '모든 이의 공부방'으로 자리 잡게 되었다.

또한 교육 내용과 방식에서도 평민적이고 대중적인 변화가 감지되었다. 기존의 성리학적 교육 내용에서 탈피하여,『전등신화』나『아희원람』같은 민중적 취향의 교재가 사용되었고, 탄원서와 같은 실용 문서 교육의 강화로 평민층의 교육열에 부응하고자 하였다. 각종 의례와 풍속, 다양한 학습놀이는 서당을 지역 공동체의 축제와 화합의 장으로 변모시켰다. 이처럼 조선 후기 교육의 보편화와 생활화를 선도하며 서당은 대중교육의 전당으로 우뚝 섰다.

근대 문물이 도입되기 시작한 19세기 말, 서당은 전통과 변화의 기로에 서게 되었다. 근대 학교의 설립과 신교육의 충격으로 전통 교육기관으로서의 서당은 심대한 위기에 직면하였다. 하지만 선각자들은 이를 교육 개혁의 기회로 포착하고 서당의 체질을 근본적으로 개선하고자 하였다. 이들은 신구 학문의 장단점을 절충하고 근대적 교육과정과 교수법을 과감하게 수용하여 서당을 자생적으로 발전시키는 작업을 시도했다. 그러나 1910년 한일병탄으로 우리 민족은 총체적 위기에 직면하였다. 일제는 종주국 본위의 식민교육을 강요하며 전통 교육기관 말살에 혈안이 되었다. 1918년에는 「서당규칙」을 발포하여 서당의 시설과 운영, 교과와 교재를 탄압하고 감시하기 시작했으며, 1930년대 이후로는 대대적인 서당 폐쇄령을 남발하였다. 일제가 서당에서 근대적 지식이 아닌 봉건적이고 낡은 지식과 도덕을 가르친다는 구실을 내세웠지만, 실제로는 서당을 기반으로 민족교육이 확산되는 것을 두려워했기 때문이다. 일제는 '서당개량'이라는 명목하에 서당에서 일본어 교육을 강제하고, 서당을 보통학교 아래에 편제함으로써 그 위상을 대단히 약화시켰다.

비록 일제의 탄압이 거셌지만, 서당은 굴하지 않고 민족정신을 고수하며 항일운동의 중추적 역할을 담당했다. 서당의 교사와 학생들은 만세운동의 선봉에 섰으며, 민족교육을 지속해

나갔다. 일제가 서당을 '낡고 해로운 악습'으로 매도했음에도, 서당은 애국계몽의 횃불을 높이 치켜들며 우리 민족교육의 맥을 잇고자 분투했다. 그러나 일제의 강력한 탄압으로 인해, 서당이 '구시대적이고 부패한 교육기관' 혹은 '초보적 수준의 아동교육기관'이라는 왜곡된 인식이 식민지배의 잔재로 남게 되었다. 이러한 그릇된 편견은 시급히 바로잡아야 할 과제이다.

서당이 남긴 교훈은 오늘날에도 여전히 빛을 발하고 있다. 급변하는 시대상황 속에서 서당의 가르침은 교육의 존재 이유와 방향성에 대해 근본적인 성찰을 요구한다. 무엇보다 서당교육의 핵심은 공부를 단순한 도구가 아닌 삶 그 자체로 인식하는 관점에 있다. 공부의 궁극적 목적은 외형적 성취에 있는 것이 아니라 내면적 성장에 있으며, 인격을 도야하여 이상적 경지에 도달하는 것이다. 오늘날 교육이 입시와 경쟁의 수단으로 전락해 교육 본연의 의미를 상실해가는 현실 속에서, '공부가 곧 삶'이라는 서당 교육의 정신은 어느 때보다 소중한 가치로 재조명되어야 할 것이다. 이에 공부의 참된 의미와 가치를 훌륭하게 구현한 도산서당의 훈장인 퇴계 이황의 말로 이 책을 마무리하고자 한다.

군자의 학문은 남에게 보여주기 위한 것이 아니라, 오

직 자기 자신을 위한 것이다. 여기서 '자기 자신을 위한 것'이란 외부의 인정이나 보상을 기대하지 않고, 자신의 길을 자연스럽게 따르는 것을 말한다. 이는 깊은 산속, 울창한 숲에 홀로 피어난 난초가 하루 종일 그윽한 향기를 내뿜으면서도 스스로 그 향을 의식하지 않는 것과 같다. 이것이 바로 군자가 자기 자신을 위해 하는 진정한 공부이다.

- 『퇴계집』

이 책을 완성하기까지 두 분 스승님의 가르침이 없었다면 불가능했을 것이다. 한국학중앙연구원 한국학대학원의 정순우 명예교수님께서는 깊이 있는 학문적 통찰로 서당의 가치와 역사를 밝혀 주셨다. 그리고 대한검정회 이권재 이사장님께서는 행동으로 서당의 정신을 몸소 보여 주셨다. 두 분의 가르침은 이 책의 뿌리가 되었고, 그 덕분에 이 작은 열매를 맺을 수 있었다.

참고문헌

『경옥유집(景玉遺集)』.

『동토집(東土集)』.

『명재유고(明齋遺稿)』.

『사재집(思齋集)』.

『소눌선생문집(小訥先生文集)』.

『송암집(松巖集)』.

『승총명록(勝聰明錄)』, https://jsg.aks.ac.kr/.

『어당집(峿堂集)』.

『여유당전서(與猶堂全書)』.

『연경재전집(硏經齋全集)』.

『우복집(愚伏集)』.

『조선왕조실록(朝鮮王朝實錄)』, https://sillok.history.go.kr/.

『지족헌집(知足軒集)』.

『추재집(秋齋集)』.

『퇴계집(退溪集)』.

『후재집(厚齋集)』.

『동아일보』, 1930. 4. 2.

『대한매일신보』, 1910. 5. 7.

강명숙, 『사립학교의 기원』, 학이시습, 2015.

_____,「1920년대 조선총독부 일본인 학무관료 다카하시 하마키치(高橋濱吉)의 조선교육사 서술과 그 함의」,『한국교육사학』40(4), 한국교육사학회, 2018.

강민구,「조선의 학습차제에 대한 사적 고찰」,『동방한문학』83, 동방한문학회, 2020.

국사편찬위원회 엮음,『개화기의 교육』, 국사편찬위원회, 2011.

규장각한국학연구원 엮음,『조선 전문가의 일생』, 글항아리, 2010.

김구,『백범일지』, 도진순 주해, 돌베개, 1997.

김동욱,『도산서당, 선비들의 이상향을 짓다』, 돌베개, 2012.

김병연,『방랑시인 김삿갓 시집』, 이명우 엮음, 집문당, 2017.

김자운,「조선시대 서원 강학 관련 자료의 유형과 특징」,『유학연구』48, 충남대학교 유학연구소, 2019.

노상직,『서당의 일상: 소눌 노상직의 서당 일지, 자암일록(紫巖日錄)』, 노재찬·정경주 옮김, 신지서원, 2013.

송찬섭,『서당, 전통과 근대의 갈림길에서』, 서해문집, 2018.

영남대학교 민족문화연구소 엮음,『한국 서원의 로컬리즘: 상주와 논산지역을 중심으로』, 온샘, 2023.

오성철,『식민지 초등교육의 형성』, 교육과학사, 2000.

와그너, 엘라수,『미국인 교육가 엘라수 와그너가 본 한국의 어제와 오늘 1904-1930』, 김선애 옮김, 살림출판사, 2009.

와타나베 마나부(渡部學),『와타나베의 한국교육사』, 교육사학회 옮김, 문음사, 2010.

유청,『19세기 말-20세기 초 서양인의 시각에서 본 한국의 교육: 서당, 과거제도, 근대학교, 여성교육을 중심으로』, 박사학위논문, 한국학중앙연구원, 2022.

이만규, 『다시 읽는 조선 교육사』, 살림터, 2023.

이명실, 「서당의 의미 재고를 위한 시론」, 『횡단인문학』 10, 숙명여자대학교 인문학연구소, 2022.

이병훈 외, 『조선의 서당에서 배우는 사회적 교육의 지혜 : 16세기 안동 지역 서당 분포와 변화 양상』, 새물결, 2018.

이영준, 「《요람》의 〈비묘금소지〉 및 〈노구동원정〉 역주」, 『동아한학연구』 9, 고려대학교 한자한문연구소, 2014.

이옥, 『완역 이옥 전집』(1-5), 실시학사 고전문학연구회 옮김, 휴머니스트, 2009.

이우진, 「유학에서의 배움: 본받음의 길: '희철학'과 '묘학제'를 중심으로」, 『퇴계학논집』 22, 영남퇴계학연구원, 2018.

_____, 「조선시대 서당교육과정에서 바라본 《동몽선습》의 의미」, 『유학연구』 54, 충남대학교 유학연구소, 2021.

이우진·정미량, *Korean Education: Educational Thought, System and Content*, Academy of Korean Studies, 2018.

이황, 『도산잡영: 퇴계, 도산서당에서 시를 읊다』, 이장우·장세후 옮김, 을유문화사, 2005.

장혼, 『아희원람 』, 한용진·서범종 옮김, 한국학술정보, 2008.

전경목, 「서당학동이 읽은 필사본 '용례집'의 내용과 특징」, 『한국고전연구』 34, 한국고전연구학회, 2016a.

_____, 「조선후기 학동들의 탄원서 학습」, 『전북사학』 48, 전북사학회, 2016b.

_____, 「조선후기에 서당 학동들이 읽은 탄원서」, 『고문서연구』 48, 한국고문서학회, 2016c.

_____, 「조선후기 탄원서 작성과 수사법 활용: 고문서학과 한문학의 연구

접점 시론」, 『대동한문학』 52, 대동한문학회, 2017.

전민호, 「개화기 서당교육의 전개」, 『한국교육학연구』 23(3), 안암교육학회, 2017.

정미량, 『발로 찾아 쓴 조선족 근현대 교육사』, 살림터, 2016.

정미량·정순우 외, 『사라진 스승: 다시 교사의 길을 묻다』, 현암사, 2019.

정순목, 『조선시대의 교육명저순례』, 배영사, 1985.

정순우, 『18세기 서당연구』, 박사학위논문, 한국정신문화연구원 대학원, 1985.

_____, 「다산 아학편 연구」, 윤사순 편, 『정약용』, 고려대학교출판부, 1990.

_____, 「조선후기 유랑 지식인 형성의 사회문화적 배경」, 『정신문화연구』 69, 한국학중앙연구원, 1997.

_____, 「초기 퇴계학파의 서당 운영」, 『정신문화연구』 85, 한국학중앙연구원, 2001.

_____, 『공부의 발견』, 현암사, 2007.

_____, 『서당의 사회사: 서당으로 읽는 조선 교육의 흐름』, 태학사, 2013a.

_____, 『서원의 사회사』, 태학사, 2013b.

_____, 「자암서당의 성격과 그 교육사적 의의」, 『문화전통논집』 10, 경성대학교 한국학연구소, 2003.

정약용, 『조선시대 영어교재 아학편』, 지석영·전용규 펴냄, 김상환 옮김, 베리북, 2018.

정재훈 외, 『노성종학당』, 공주대학교박물관, 2006.

조영득, 「영주 무섬마을 선성김씨 문중의 민족운동」, 『한국독립운동사연구』 39, 독립기념관 한국독립운동사연구소, 2011.

쥐베르, 앙리·마르탱, 『프랑스 군인 쥐베르가 기록한 병인양요(조선원정기)』, 유소연 옮김, 살림출판사, 2010.

충북대학교 우암연구소 엮음, 『조선시대 아동교재 동몽선습의 학술적 가치』, 충북대학교 출판부, 2021.

켐프, 에밀리 외, 『조선의 모습/한국의 아동 생활/상투의 나라』, 신복룡 옮김, 집문당, 2019.

피정만, 『20세기 서당교육연구』, 하우, 2010.

한재훈, 『서당공부, 오래된 인문학의 길』, 갈라파고스, 2014.

헐버트, 호머, 『대한제국멸망사』, 신복룡 옮김, 집문당, 1999.